中小企業の顧問税理士が
知っておきたい

設備投資優遇税制の上手な使い方

〔第2版〕

税理士 田中康雄 著

税務経理協会

改訂に当たって

わが国では、近年、大規模な自然災害が各地で頻発し、さらに世界的に拡大している新型コロナウイルス感染症は歴史的な経済情勢の低迷を招いています。

このような状況下では、中小企業に限らず大企業でさえも設備投資に費やすための資金投入の鈍化が危惧されますが、そんな中でも中小企業に対しては防災・減災への取組みや働き方の変革に向けた設備投資を下支えする新たな税制上の優遇税制が創設されています。また、主に大企業向けとして、デジタル化や脱炭素化を目指したグリーン社会の実現など世界的な潮流に対応するための設備投資に対する税制上の優遇措置も次々と創設されています。

そこで、今回の本書の改訂に当たっては、これまでの設備投資に対する制度内容のほか、令和時代の新しい設備投資に対する優遇税制の概要や適用要件、申告に際しての手続き方法を加えるとともに、特に中小企業に向けた新たな投資優遇税制に対しては、その適用をイメージしやすいように事例を追加しました。

また、近年の設備投資に対する優遇税制の適用においては、多くのケースでそれぞれの制度に沿った投資計画を策定し、担当省庁や自治体による事前認定が前提となっています。しかし、各制度で求められる特有の投資計画の策定に取り掛かるとき、何をどのように記載していけばよいのか今一つピンとこない部分もあるでしょう。これを踏まえ、本書では中小企業に対する投資優遇税制に限定し、初版と同様に公表されている申請様式類等を使いながら、なるべく多くの投資計画を例解することとしました。

本書は、設備投資を計画されている中小企業の皆さまが、より税制上の優遇措置をご活用いただけるようにとの思いで改訂へと奮励した次第です。本書がわずかでも中小企業の皆さまの設備投資への一助となることを切望しております。

最後に、改訂に当たり、初版から引き続き懇切丁寧なアドバイスをいただいた税務経理協会の中村謙一氏にこの場を借りて厚く御礼申し上げます。

令和３年６月

税理士　田中　康雄

Contents

第3章　購入する設備から使える税制を探す

第4章　事業別にみる事例

凡例

法人税法	法法
租税特別措置法	措法
租税特別措置法施行令	措令
租税特別措置法施行規則	措規
租税特別措置法通達	措通
地方税法附則	地方附
地方税法施行令附則	地令附
中小企業等経営強化法強化法	強化法
中小企業等経営強化法強化法施行令	強化法令
中小企業等経営強化法施行規則	強化法規
経済産業省関係生産性向上特別措置法施行規則	経産関係生産性 向上特措法規
耐用年数の適用等に関する取扱通達	耐年通
東日本大震災の被災者等に係る国税関係法律の 臨時特例に関する法律	震災税特法
道路運送車両法施行規則別表第１	車両法規別表１
減価償却資産の耐用年数等に関する省令別表第１	耐年令別表１

第 1 章

中小企業向け
設備投資優遇税制の
あらまし

1 中小企業の定義

設備投資を行う法人に対しては多くの税制優遇措置が施されていますが、特に中小企業に対してはより優遇されたものとなっています。税制上の優遇措置は、設備投資に対するそれぞれの税制によってその範囲が異なり、また一言で「中小企業」といっても規模によって適用できる優遇措置は異なります。

そこで、本書の本題である中小企業向けの各設備投資に対する税制上の優遇措置の内容を確認する前に、まずはその適用に当たり第１番目の要件である、いわゆる「中小企業」の範囲について確認することにします。税法上は資本金の額等が1億円以下の法人等を以下の**【図表 1-1】**のように規定しています。

【図表 1-1　中小企業の定義（法人税法と措置法）】

法人税法	中小法人等（法法 57⑪）
租税特別措置法	中小企業者等（措法 42 の 4④）

1　中小法人等

一般的には中小企業という言葉が広く使われていますが、法人税法上はこれに対応するものとして「中小法人等」という用語を用いています。中小法人等は、以下のとおり定義されます。

(1) 普通法人のうち資本金の額若しくは出資金の額が１億円以下であるもの又は資本若しくは出資を有しないもの

(2) 公益法人等又は協同組合等

(3) 人格のない社団等

2　中小企業者等

また、法人税法とは別に、租税特別措置法においてもいわゆる中小企業に相当するものとして「中小企業者等」という用語が用いられています。中小企業者等とは、青色申告書を提出するもののうち、以下のものと定義されます。

(1)　中小企業者

(2)　農業協同組合等

※(2)の農業協同組合等には、農業協同組合、農業協同組合連合会、中小企業等協同組合、出資組合である商工組合及び商工組合連合会、内航海運組合、内航海運組合連合会、出資組合である生活衛生同業組合、漁業協同組合、漁業協同組合連合会、水産加工業協同組合、水産加工業協同組合連合会、森林組合並びに森林組合連合会が含まれます（措法42の4⑧九）。

「中小企業者等」の定義については、租税特別措置法上「試験研究を行った場合の法人税額の特別控除」（措法42の4）のうち「中小企業技術基盤税制」（同条④）において規定されています。

3　中小企業者（措法42の4⑧七）

中小企業者等の定義のうち、上記2(1)「中小企業者」については、租税特別措置法において、以下のとおり定義されています（措令27の4⑫）。

(1)　資本金の額又は出資金の額が1億円以下の法人（但し、一定の大規模法人(※1)の所有に属している(※2)法人を除く）

(2)　資本又は出資を有しない法人のうち常時使用する従業員の数が1,000人以下の法人

(※1)「一定の大規模法人」とは、以下の法人をいいます。

①　資本金の額若しくは出資金の額が1億円を超える法人

②　資本若しくは出資を有しない法人のうち常時使用する従業員の数が1,000人を超える法人

③　大法人（資本金の額若しくは出資金の額が5億円以上の法人等）の100％子会社

④　複数のグループ内の大法人によって完全支配されている法人

(※2)「所有に属している」とは、その法人の発行済株式の総数若しくは出資の額の総額の2分の1以上が同一の大規模法人に保有されていること、又はその法人の発行済株式の総数若しくは出資の額の総額の3分の2以上を複数の大規模法人に保有されていることをいいます。

(3) 適用除外事業者(※3)以外の法人

(※3)「適用除外事業者」とは、その事業年度開始の日前3年以内に終了した事業年度の年間所得金額の平均額が15億円を超える法人をいいます。なお、修正申告や更正により年間所得金額の平均額の計算の基礎となった各事業年度の所得金額が変更された場合には、その判定を改めて行う必要があります。

中小企業者は、その株主である法人の資本金の額等とその支配割合などによって、法人税法上の「中小法人等」に該当することがあっても租税特別措置法上の中小企業者には該当しない場合があります。

4 特定中小企業者等

租税特別措置法において一定の中小企業者等を「特定中小企業者等」と規定していますが、中小企業投資促進税制又は中小企業経営強化税制上の「特定中小企業者等」と、中小企業防災・減災投資促進税制上の「特定中小企業者等」では、それぞれ**【図表1-2】**のように同義ではありません。

【図表1-2　中小企業向け投資優遇税制上の特定中小企業者等】

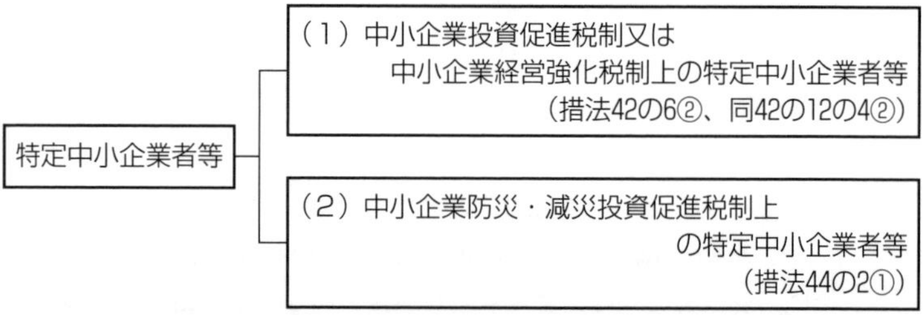

(1) (中小企業投資促進税制又は中小企業経営強化税制上の) 特定中小企業者等

① 中小企業者

② 資本金の額又は出資金の額が3,000万円以下の法人 (措令27の6⑦)

③　青色申告書を提出するもの

(2)（中小企業防災・減災投資促進税制上の）特定中小企業者等

①　中小企業者又はこれに準ずる者として政令で定める法人

②　事業継続力強化計画（強化法50①）又は連携事業継続力強化計画（同法52①）の認定を受けた中小企業等経営強化法2条1項に規定する中小企業者

③　青色申告書を提出するもの

5　（中小企業等経営強化法上の）中小企業者

中小企業者という文言は、4 (2) ②にもあるように中小企業等経営強化法においても定められています。同法上での中小企業者の要件は、**【図表1-3】**のとおり、業種別に資本金の額等又は従業員の数によって区分され（強化法2①、強化法令1①)、その範囲は租税特別措置法上の中小企業者とは規模要件が異なっています。なお、「中小企業経営強化税制」や「中小企業防災・減災投資促進税制」は中小企業等経営強化法の適用が前提となっていますが、特に、「中小企業防災・減災投資促進税制」のおいては、同法の中小企業者の判定にも影響することになりますので、詳細は、第2章3にて確認することにします。

【図表1-3　中小企業等経営強化法上の中小企業者】

業種区分	資本金の額等	常時使用する従業員数
製造業、建設業、運輸業等	3億円以下	300人以下
卸売業	1億円以下	100人以下
サービス業	5千万円以下	100人以下
小売業	5千万円以下	50人以下
ゴム製品製造業（※）	3億円以下	900人以下
ソフトウェア業又は情報処理サービス業	3億円以下	300人以下
旅館業	5千万円以下	200人以下

（※）自動車又は航空機用タイヤ及びチューブ製造業並びに工業用ベルト製造業を除く。

2 中小企業者等に対する設備投資優遇税制の体系

設備投資を行う法人が活用できる優遇税制の中には、特に中小企業者等に限定した措置がいくつか設けられています。その中でも、令和元年度（平成 31 年度）税制改正では、新たに防災対策への投資に係る優遇税制が創設されました。また、その一方で、平成25年度税制改正によって創設された「特定中小企業者等が経営改善設備を取得した場合の特別償却又は税額控除」(旧措法 42 の 12 の 3)、いわゆる「商業・サービス業・農林水産業活性化税制」が、令和 3 年 3 月 31 日の適用期限をもって廃止されています。

1 中小企業向け投資促進税制の分類（国税庁）

設備投資を行う中小企業者等に限定した優遇措置として、国税庁の分類では次の**【図表 1-4】**のとおり 3 つの投資優遇税制があります。

【図表 1-4　中小企業向け投資促進税制の分類】

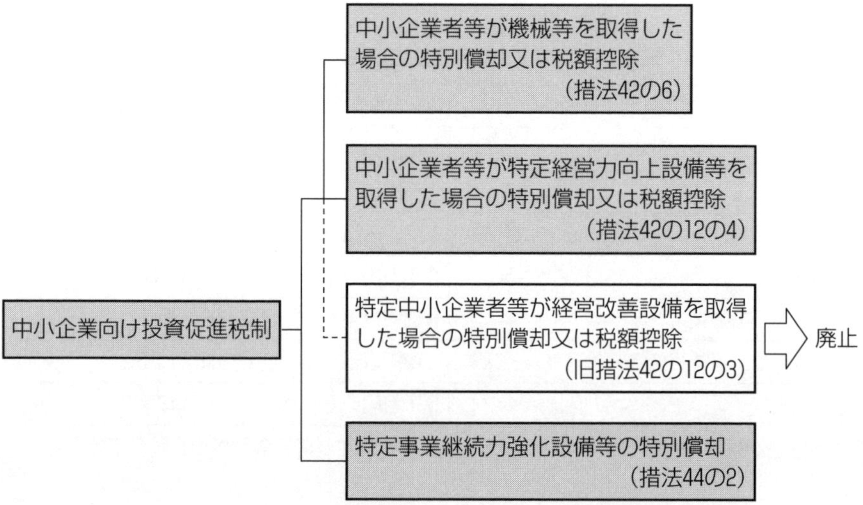

2　中小企業向け投資促進税制の分類（中小企業庁）

中小企業向け投資促進税制において分類されている3つの優遇税制は、中小企業庁においては次の**【図表 1-5】**のとおり分類されています。本書では、中小企業庁において分類されている各税制の名称を用いることにします。また、これら3つの優遇税制と、地方税での優遇税制となる「生産性向上特別措置法による固定資産税の特例」とを合わせた4つの投資優遇税制を、「中小企業向け投資促進税制」として取り扱います。

【図表 1-5　中小企業庁による分類】

国税庁による分類		中小企業庁による分類
中小企業者等が機械等を取得した場合の特別償却又は税額控除	⇨	中小企業投資促進税制
中小企業者等が特定経営力向上設備等を取得した場合の特別償却又は税額控除	⇨	中小企業経営強化税制
特定事業継続力強化設備等の特別償却	⇨	中小企業防災・減災投資促進税制

（※）国税庁による分類は、タックスアンサー（国税庁／法人税）の「特別償却・特別税額控除」及び特別償却の付表名を参考にして分類しています。

3　中小企業向け投資促進税制その他投資優遇税制上の各適用対象資産の名称

中小企業向け投資促進税制その他本書で取り扱う投資優遇税制が適用される設備等については、その対象となる範囲が異なり、一定の要件を満たす必要があります。そして、それぞれ異なる要件のもと、これらの設備は各制度の条文上、下記**【図表 1-6】**のようにそれぞれ異なる名称が定義されています。

【図表 1-6　各制度の適用対象資産の名称】

本書で取扱う各制度		適用対象資産の名称
中小企業投資促進税制	⇨	特定機械装置等
中小企業経営強化税制	⇨	特定経営力向上設備等
中小企業防災・減災投資促進税制	⇨	特定事業継続力強化設備等
生産性向上特別措置法による固定資産税の特例	⇨	先端設備等
地域未来投資促進税制	⇨	特定事業用機械等
5G 導入促進税制	⇨	特定高度情報通信技術活用設備
DX 投資促進税制	⇨	情報技術事業適応設備
CN 投資促進税制	⇨	生産工程効率化等設備

第 2 章

各制度の概要・適用要件・手続きの確認

中小企業者等が行う設備などの取得等に際しては、特別償却又は税額控除が選択適用できる中小企業者向け投資促進税制のほか、法人の規模にかかわらず適用できる各投資優遇税制があります。また、法人税関連だけではなく、地方税においても事業用資産に係る固定資産税の特例（以下、「生産性向上特別措置法による固定資産税の特例」といいます）が措置されています。

本書においてはこれらの税制を、**【図表 2-1】**のとおり「投資優遇税制」として位置付け、この章では、各税制の概要、適用要件及びこれらを適用するに当たっての諸手続きについて、それぞれ確認することにします。

【図表 2-1　投資優遇税制の分類】

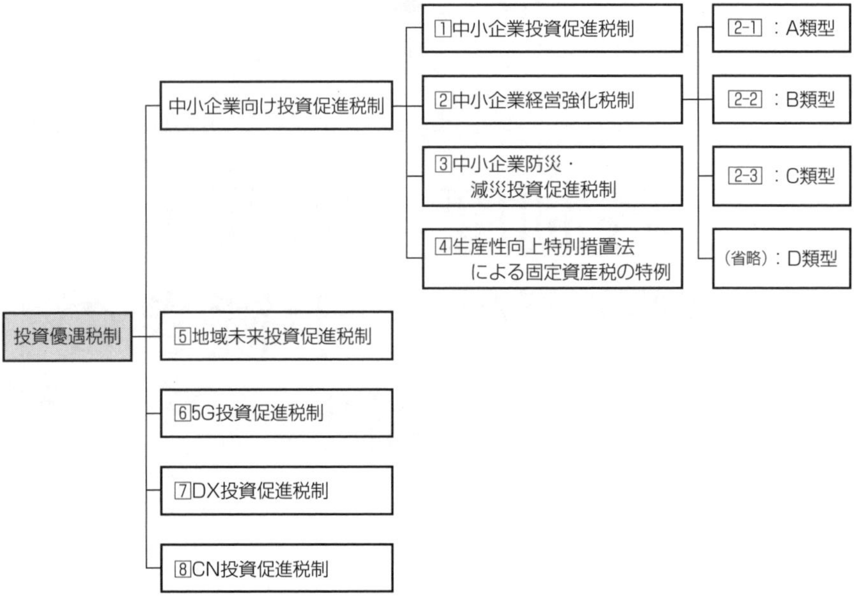

1 中小企業投資促進税制

まずは、中小企業向け投資促進税制のうち最も古くから制定されている「中小企業投資促進税制」について確認することにします。

1 制度の概要

中小企業投資促進税制は、青色申告書を提出する中小企業者等が平成10年6月1日から令和5年3月31日までの期間に、一定の適用対象資産（以下、「特定機械装置等」といいます）を取得又は製作若しくは建設（以下、「取得等」といいます）をし、これを国内にあるその中小企業者等が営む政令で定められた事業（以下、「指定事業」といいます）の用に供した場合に、その指定事業の用に供した日を含む事業年度において、その取得価額の30％相当額の特別償却又はその取得価額の7％相当額の税額控除を選択適用することができる制度です。

他の優遇税制との重複適用の可否

この制度においては、特別償却と税額控除の選択適用が可能です。

但し、一の特定機械装置等で特別償却と税額控除の両者を重複適用することは認められません。また、この制度の適用を受ける一の特定機械装置等については、租税特別措置法上の圧縮記帳をはじめ他の制度による特別控除や税額控除の規定を重複して適用することもできません。

他の制度による税制上の優遇措置との重複適用が認められないのは、あくまでも租税特別措置法上において定められている規定になります。例えば、国庫補助金等で取得した固定資産等の圧縮記帳（法法42）などの法人税法上の圧縮記帳の適用を受けた場合であっても、これが特定機械装置等に該当するときは、圧縮記帳と中小企業投資促進税制を重複して適用することができます。

また、例外として、この制度のうち、特別償却については租税特別措置法に規定される研究開発税制と重複して適用することができます。研究開発税制においては、減価償却費のうち「租税特別措置法52条の3の規定による特別償却準備金の積立額は含まれない」と規定していますので（措通42の4（2）-4）、準備金方式による特別償却以外の方法で特別償却費を損金経理した場合には、その特別償却費に相当する部分は試験研究費に含めることができることになります。

(1) 特別償却

この制度における特別償却限度額は、特定機械装置等の基準取得価額の30％相当額となります（措法42の6①）。そもそも減価償却費は損金経理を要件として損金算入されるため、特別償却限度額部分を損金算入する場合においても、原則として特別償却費として損金経理する必要があります。

特定機械装置等の基準取得価額は下記の**【図表2-2】**のとおり、そのほとんどが取得価額と同額になりますが、船舶については他の特定機械装置等と基準取得価額が異なりますので注意が必要です。

【図表2-2　基準取得価額の基礎となる金額】

	基準取得価額
「船舶」以外の特定機械装置等	取得価額
「船舶」	取得価額の75％相当額

また、特別償却が適用される場合のその事業年度における税務上の償却限度額は、下記算式のとおり普通償却限度額に特別償却限度額を加えた金額の合計額となります。

償却限度額＝普通償却限度額＋特別償却限度額

なお、特別償却のうち、その事業年度においてその特別償却限度額まで減価償却費を損金算入せず、特別償却不足額が生じた場合には、その償却不足額については1年間繰り越すことができます（措法52の2）。

(2) 税額控除

この制度では、資本金の額等が3,000万円以下の特定中小企業者等に限り税額控除を選択適用することができます。その事業年度の法人税の額から控除することができる金額は、基準取得価額の7％相当額（以下、「税額控除限度額」といいます）が限度となりますが、その事業年度の法人税額の20％相当額が上限となります（措法42の6②）。

また、この制度における優遇措置のうち税額控除を選択し、同様に他の設備等について、後述する2中小企業経営強化税制による税額控除の適用を受ける場合において、これらの税額控除の合計額がその事業年度の法人税額の20％相当額を超えるときは、税額控除の適用を受けることができる金額は、その合計額のうち、その事業年度の法人税額の20％相当額が限度となります（措法42の6②）。

なお、条文上、この制度における税額控除限度額は、「調整前法人税額の100分の20に相当する金額を超えるときは、その控除を受ける金額は、当該100分の20に相当する金額を限度とする。」と規定されています（措法42の6②）。この場合の調整前法人税額とは、租税特別措置法42条の4（試験研究を行った場合の法人税額の特別控除）をはじめとする各措置法上の法人税額の特別控除及び法人税法67条（特定同族会社の特別税率）をはじめとする法人税法における法人税額の調整、その他東日本大震災の被災者等に係る国税関係法律の臨時特例に関する法律に定める特別控除等の規定を適用しないで計算した場合における法人税額（附帯税を除く）とされています（措法42の6②、同42の4⑧二）。つまり、この制度における法人税額の20％相当額とは、他の税額調整の規定を適用する前の法人税額で判定することになります。

税額控除限度額の繰越し

税額控除限度額がその事業年度の法人税額の20％相当額を超えるため、その事業年度において税額控除限度額の全部を控除しきれなかった場合には、その控除しきれなかった金額（以下、「繰越税額控除限度超過額」といいます）については1年間繰り越すことができます（措法42の6③、④）。但し、繰り越した事業年度において新たに特定機械装置等を取得等した場合には、まずはその事業年度において取得等をした特定機械装置等を優先して税額控除限度額を計算し、これが法人税額の

20％相当額を超えない場合に、その法人税額の20％相当額に達するまでの範囲内において繰越税額控除限度超過額を控除することができます（措法42の6③）。

また、課税所得が生じなかった事業年度において特定機械装置等を取得等した場合であっても、本来税額控除できる金額を繰り越すことで翌事業年度に税額控除の適用を受けることができます。なお、繰り越した事業年度において新たに特定機械装置等を取得等している場合の繰越税額控除限度超過額の取扱いについては、上述の但書にある取扱いのとおりです。

特定機械装置等に値引きがあった場合

特定機械装置等を指定事業の用に供した事業年度後の事業年度において、その特定機械装置等の対価の額について値引きがあった場合には、供用事業年度に遡及して税額控除限度額の修正を行う必要があります（措通42の6-10）。

税額控除は特定中小企業者等に限定、特別償却と税額控除は個々に選択可

税額控除の選択適用については、資本金の額等が3,000万円以下である特定中小企業者等に限定されています（措法42の6②）。また、特別償却と税額控除は選択適用であるため、一の資産に対し、これら2つの優遇措置を重複して適用することはできません。

これに対し、この制度では、取得した特定機械装置等ごとに個々に特別償却又は税額控除を選択適用ができるため、例えば、同じ機械装置を2台取得した場合であっても、1台は特別償却を選択し、もう一方は税額控除を選択することができます。

リースによる取得

この制度の適用対象資産の取得に当たっては、法人税法上のリース取引による取得も想定されます。法人税法上のリース取引には、所有権移転リース取引と所有権移転外リース取引とに区分されますが、このリース取引のうち所有権移転リース取引による取得の場合には、通常の売買取引と変わらないため、特定中小企業者等がこの制度を適用するに当たっては何ら制限されることなく特別償却又は税額控除を選択適用することができます。

これに対し、所有権移転外リース取引による取得等の場合には、原則として売買取引に準じた処理となりますが、一定の要件のもと賃貸借処理による経理処理も容認されることから、特別償却を適用することはできず、税額控除のみ選択が可能です（措法42の6⑥）。つまり、特定中小企業者等以外の中小企業者等（資本金の額等が3,000万円超1億円以下の中小企業者等）が所有権移転外リース取引により特定機械装置等の取得等をした場合には、中小企業投資促進税制の適用を受けることはできないことになります。

2　適用要件

この制度は適用対象資産となる特定機械装置等を指定事業の用に供した場合に限り適用されます。また、この制度における優遇措置は、その適用を受ける対象法人が有する資本金の額等により異なります。この制度の各優遇措置を受けることができる適用対象法人の範囲については下記の**【図表2-3】**のとおりです。

【図表2-3　優遇措置別の適用対象法人】

	適用対象法人
特別償却	全ての中小企業者等
税額控除	中小企業者等のうち、特定中小企業者等 （中小企業投資促進税制上の特定中小企業者等 ＝資本金の額等が3,000万円以下の中小企業者等）

なお、中小企業者等が事業年度の中途において中小企業者等に該当しないこととなった場合であっても、その該当しないこととなった日前に取得等をして指定事業の用に供した特定機械装置等については、中小企業投資促進税制を適用することができます（措通42の6-1）。

また、適用対象法人が取得等をした特定機械装置等を事業の用に供する場合において税制上の優遇措置の適用を受けることができるのは、特定機械装置等を指定事業の用に供した場合に限られます（措令27の6④、⑤、措規20の3⑤）。中小企業投資促進税制上の指定事業は以下の**【図表2-4】**のとおりです。

なお、令和3年度税制改正による「商業・サービス業・農林水産業活性化税制」

の廃止により、これまで中小企業投資促進税制の指定事業から除外されていた不動産業、物品賃貸業及び一定の飲食店業が追加されました。

【図表 2-4　指定事業（中小企業投資促進税制）】

中小企業投資促進税制上の指定事業
製造業、建設業、農業、林業、漁業、水産養殖業、鉱業、卸売業、道路貨物運送業、倉庫業、港湾運送業、ガス業、小売業、料理店その他の飲食店業（料亭、バー、キャバレー、ナイトクラブその他これらに類する事業については生活衛生同業組合の組合員が行うものに限る）、一般旅客自動車運送業、海洋運輸業及び沿海運輸業、内航船舶貸渡業、旅行業、こん包業、郵便業、情報通信業、駐車場業、損害保険代理業、学術研究、専門・技術サービス業、宿泊業、洗濯・理容・美容・浴場業、その他の生活関連サービス業、映画業、教育、学術支援業、医療、福祉業、協同組合及びサービス業（廃棄物処理業、自動車整備業、機械等修理業、職業紹介・労働者派遣業、その他の事業サービス業）、不動産業、物品賃貸業 （注）電気業、水道業、娯楽業（映画業を除く）等及び風俗営業法上の性風俗関連特殊営業に該当する事業は対象外。

指定事業はその中小企業者等が営む主たる事業の業種を指すのではなく、取得等をした特定機械装置等が供される事業を指します。

つまり、中小企業者等が営む事業が指定事業に該当するかどうかは、その中小企業者等が主たる事業としてその事業を営んでいるかどうかを問わず（措通 42 の 6–4）、またその事業が指定事業に該当するかどうかは、概ね日本標準産業分類（総務省）の分類を基準として判定することになります（措通 42 の 6–5）。

この**【図表 2–4】**のうち「内航船舶貸渡業」として船舶の貸渡しをする海上運送業が行う貸付けの用以外には、中小企業者等が行う特定機械装置等の貸付けの用に供される特定機械装置等は除かれます（措法 42 の 6 ①）。

中小企業投資促進税制が適用される特定機械装置等に該当する適用対象資産は、中古ではなく新品であること、またこれを指定事業の用に供していることのほか、次の**【図表 2–5】**のとおり各資産に応じ取得価額基準その他一定の要件が設けられています（措令 27 の 6 ④）。

各対象設備の適用要件とされている取得価額要件については、法人税法上の圧縮記帳（法法 42～49）の適用を受ける場合には、その圧縮記帳後の金額を取得価額として判定を行います（措通 42 の 6–3）。

また、これらの対象設備のうち「機械及び装置」や「工具」、「ソフトウェア」に

【図表 2-5　適用対象資産と各資産の適用要件】

対象設備	適用要件
機械及び装置	1台又は1基の取得価額が 160 万円以上のもの
工具（測定工具及び検査工具）	1台若しくは1基の取得価額が 120 万円以上のもの 又は、1台若しくは1基の取得価額が 30 万円以上でその事業年度の取得価額の合計額が 120 万円以上のもの
ソフトウェア	一のソフトウェアの取得価額が 70 万円以上のもの 又は、その事業年度の取得価額の合計額が 70 万円以上のもの （但し、複写して販売するための原本、開発研究用のもの、サーバー用 OS のうち一定のものを除く）
車両及び運搬具	一定の普通自動車で、貨物の運送の用に供されるもののうち、車両総重量が 3.5 トン以上のもの
船舶	内航海運業の用に供される船舶全て

ついて、中小企業等経営強化法の経営力向上計画の認定を受けた中小企業者等が後述する2中小企業経営強化税制に定める一定の特定経営力向上設備等に該当するものを取得等した場合には、即時償却又はその取得価額の7％（特定中小企業者等については 10％）相当額の税額控除を適用することができます。

中小企業投資促進税制では、特定中小企業者等以外の中小企業者等については税額控除の選択の余地はありませんが、後述する2中小企業経営強化税制においては、適用要件を満たせば特定中小企業者等以外の中小企業者等も「特別償却」と「税額控除」の選択適用が可能となります。

指定事業用と指定事業用以外の用に共通して使用している場合の適用可否

指定事業とその他の事業を営む中小企業者等が特定機械装置等の取得等をし、又は他の事業の用から移転を受けた場合において、これをそれぞれの事業の用に共通して使用するときは、その全てが指定事業の用に供されているものとして中小企業投資促進税制を適用することができます（措通 42 の 6–7）。

自己が便益を享受するための貸与は、貸付用には当たらない

特定機械装置等を貸付けの用に供する場合には、原則として、この制度を適用することはできませんが、例えば、中小企業者等が取得等をした特定機械装置等を自

己の下請業者に貸与した場合で、その下請業者がこれを専らその貸与をした中小企業者等のためにする製品の加工等の用に供している場合には、その特定機械装置等についてはその中小企業者等の営む事業の用に供されているものとして、資産の貸与には該当せず、中小企業投資促進税制を適用することができます（措通 42 の 6–8)。

ここからは、各資産別に適用要件を確認することにします。

(1) 機械及び装置の適用要件

機械及び装置は、1台又は1基（通常1組又は1式をもって取引をされるものについては、その1組又は1式）の取得価額が 160 万円以上のものに限られます（措令 27 の 6 ④一)。

【図表 2–5】の対象設備のうち、「機械及び装置」と後述する **(2)**「工具」の適用要件となっている取得価額の金額判定の単位である「1台又は（若しくは）1基」については、通常一単位として取引される単位ごとに判定しますが、本体部分と同時に設置される附属機器で、その本体と一体になって使用するものがある場合には、これらの附属機器を含めて金額判定を行うことができます（措通 42 の 6–2)。

(2) 工具（測定工具及び検査工具）の適用要件

工具については、製品の品質管理の向上等に資する測定工具及び検査工具（電気又は電子を利用するものを含む）で（措法 42 の 6 ①一、措規 20 の 3 ①)、その1台若しくは1基の取得価額が 120 万円以上のもの、又はその1台若しくは1基の取得価額が30万円以上でその事業年度の取得価額の合計額が120万円以上である場合のものに限られます（措令 27 の 6 ④二)。

工具については、その事業年度の取得価額の合計額による判定基準も選択できます。この合計額による取得価額の判定については、例えば1台当たり 60 万円の測定工具と1台当たり 60 万円の検査工具を同一事業年度に取得した場合には、合計で 120 万円になるため取得価額要件を満たすことになります。つまり、測定工具と検査工具の組み合わせの合計額が 120 万円以上であれば合計での取得価額要件を満たすため、測定工具のみや検査工具のみといったそれぞれ個々での合計額が 120 万円以上である必要はありません。

(3) ソフトウェアの適用要件

ソフトウェアは、電子計算機に対する指令であって一の結果を得ることができるよう組み合わされたもので一定のもののうち（措令27の6②)、一の取得価額が70万円以上のもの、又は各ソフトウェアの取得価額のその事業年度の合計額が70万円以上のものに限られます（措令27の6④三)。

また、この制度におけるソフトウェアについては、関連するシステム仕様書等の書類その他一定のソフトウェアを含み、上記の【図表2-5】括弧書にあるように複写して販売するための原本となるソフトウェアなどは除外されます（措令27の6②括弧書、措規20の3②、③参照)。

ソフトウェアについて新たな機能の追加や機能の向上などに該当するプログラムの修正、改良等のために支出した費用で、その付加された機能等の内容からみて、実質的に新たなソフトウェアの取得と同等であると認められるときは、その支出した費用の額をソフトウェアの取得価額として、この制度が適用されます（措通42の6-10の2)。

(4) 車両及び運搬具の適用要件

車両及び運搬具については、貨物の用に供される普通自動車で輸送の効率化等に資するもののうち、車両総重量が3.5トン以上のものに限定されます（措法42の6①三、措規20の3④)。なお、他の投資優遇税制においては車両及び運搬具がこれら税制上の優遇措置の適用対象資産となることはありません。

ここで、普通自動車とは、道路運送車両法施行規則別表第1（以下、「車両法規別表1」といいます）において規定される小型自動車、軽自動車、大型特殊自動車、及び小型特殊自動車以外の自動車をいい、減価償却資産の耐用年数等に関する省令別表第1（以下、「耐年令別表1」といいます）に規定する車両及び運搬具のうち、その構造用途において区分されている「特殊自動車」とはその範囲が異なります。

例えば、トラックミキサーは耐年令別表1では「特殊自動車」に区分されますが、車両法規別表1では大型特殊自動車には区分されていないため「普通自動車」に該当し、かつ貨物自動車に該当することから、中小企業投資促進税制の適用対象資産となります。これに対しフォーク・リフトは耐年令別表1では「前掲以外のもの」に区分されているため判断に迷うところですが、車両法規別表1では「大型特殊自動車」に区分されているため普通自動車には該当せず、この制度の適用対象外となります。このように、普通自動車に該当するかどうかは、あくまでも車両法規別表1にて判定することになります。

(5) 船舶の適用要件

船舶は、内航海運業法2条2項に規定する内航海運業の海上運送業の用に供される内航船舶に限られます（措法42の6①四、措令27の6③）。

この制度の適用対象事業年度は、平成10年6月1日から令和5年3月31日までの期間内のうち上記の**【図表2-5】**に掲げる対象設備の取得等をし、これを指定事業の用に供した場合における、その指定事業の用に供した日を含む事業年度となります。

なお、解散（合併による解散は除きます）の日を含む事業年度と清算中の各事業年度はこの適用対象年度の対象外となります（措法42の6①）。

事業供用日に注意

この制度を適用することができる事業年度は、特定機械装置等の取得等をし、これを指定事業の用に供した事業年度になります。

実務上、この制度の適用を受けるため決算期末の直前において特定機械装置等を駆け込みで取得等をするケースもあるかと思われます。しかし、事業の供用とは、一般的に特定機械装置等の使用を開始するに至ったことをいい、事業の供用日を特定機械装置等の引き渡し完了日や納品書又は請求書などの日付だけで判断することはできません。税務調査においても、決算期末間際の特定機械装置等の取得等については、受注先に検収完了の時期を確認するため反面調査が実施されるケースがあることから、事業供用日の判断に当たっては留意すべきです。

3　適用のための諸手続き

この制度における特別償却又は税額控除の適用を受けるためには、その申告の際、償却限度額又は税額控除の金額の計算に関する明細書（法人税等各種別表の付表又は別表）を添付する必要がありますが、他の投資優遇税制とは異なり一定の機関等が発行する書類などを添付する必要はありません。そのため、一定の書類の発行申請などの手続きは必要ないため、確定申告に関する手続き以外には特に適用のための諸手続きは要しません。

その他、この制度の適用を受けようとする場合には、「租税特別措置の適用状況の透明化等に関する法律」3条1項に規定する、法人税関係特別措置について記載した「適用額明細書」をその法人税の申告書に添付して提出する必要があります。

(1) 特別償却の手続き

この制度による特別償却の適用に当たっては、損金経理要件のほか、確定申告書等(※)に特定機械装置等の償却限度額の計算に関する明細書を添付し提出することがその適用要件となっています（措法42の6⑦）。具体的には、普通償却限度額の計算に係る減価償却資産の償却額の計算に関する計算書（別表十六（一）又は別表十六（二））の他、「中小企業者等又は中小連結法人が取得した機械等の特別償却の償却限度額の計算に関する付表」（特別償却の付表（二））を確定申告書等に添付しなければなりません。

（※）確定申告書等とは中間申告書及び確定申告書をいいます（措法2②二十七）。

また、この制度においては、特別償却の適用を受けることに代えて、損金経理による特別償却準備金の積み立て、又はその事業年度の決算確定の日までに剰余金の処分による特別償却準備金の積み立てによる損金算入も認められています（措法52の3）。

準備金方式を採用する場合には、「特別償却準備金の損金算入に関する明細書」（別表十六（九））とともに、上記「特別償却の付表（二）」を確定申告書等に添付する必要があります。

なお、この制度では、その事業年度において特別償却限度額まで償却費を計上せず、特別償却不足額が生じた場合には、その償却不足額については1年間繰り越すことができます。償却不足額の繰越しは、別表十六（一）又は別表十六（二）において行います。

(2) 税額控除の手続き

この制度による税額控除の適用に当たっては、控除を受ける金額を確定申告書等に記載し、その控除の対象となる特定機械装置等の取得価額その他控除を受ける金額の計算に関する明細となる「中小企業者等が機械等を取得した場合の法人税額の特別控除に関する明細書」（別表六（十四））を添付して申告した場合に限り適用されます（措法42の6⑧）。

また、この制度においては、税額控除限度額がその事業年度の法人税額の20％相当額を超え、その事業年度においてその全部を控除しきれなかった場合には、その控除しきれなかった繰越税額控除限度超過額については1年間繰り越すことができます。繰越税額控除限度超過額が生じた事業年度の翌事業年度において、その繰越税額控除限度超過額の控除を受けるためには、その控除を受けようとする事業年度の確定申告書等に、繰越税額控除限度超過額のうちその控除を受ける金額を記載するとともに、その金額の計算に関する明細書（別表六（十四））を添付して申告する必要があります（措法42の6⑨）。

2-A 中小企業経営強化税制（A 類型）

次に、下記の**【図表 2-6】**のように、いわゆる A 類型、B 類型、C 類型及び D 類型の 4 つの類型に分類される「中小企業経営強化税制」について確認します。C 類型は令和 2 年 4 月 7 日の臨時閣議において閣議決定された新型コロナウイルス感染症緊急経済対策における税務上の措置として創設され、D 類型は M & A の効果を高める設備に対する投資減税として令和 3 年度税制改正によって創設されています。なお、D 類型は、設備投資に先立ち他社の株式等の取得を前提とするなど、設備投資までのプロセスに他の法的な要素等を多く含んでいるため、本書では省略します。

この制度は、適用対象資産である生産等設備の内容によって区分されますが、それぞれ A 類型は生産性向上設備、B 類型は収益力強化設備、C 類型はデジタル化設備である特定経営力向上設備等を取得した場合に適用することができます。また、これら生産等設備が特定経営力向上設備等に該当することにつき確認を行う確認者についてもそれぞれ異なります。

【図表 2-6　中小企業経営強化税制の分類】

2 中小企業経営強化税制

- 2-1 生産性向上設備（A類型）
  生産性が旧モデル比年平均 1%以上向上する設備
  【確認者】工業会等
- 2-2 収益力強化設備（B類型）
  投資収益率が年平均5%以上の投資計画に係る設備
  【確認者】経済産業局
- 2-3 デジタル化設備（C類型）
  遠隔操作、可視化、自動制御化のいずれかを可能にする設備
  【確認者】経済産業局
- （省略）経営資源集約化設備（D類型）
  修正ROA又は有形固定資産回転率が一定以上上昇する設備

1　制度の概要

中小企業経営強化税制は、青色申告書を提出する中小企業等経営強化法の経営力向上計画の認定を受けた中小企業者等が平成 29 年 4 月 1 日から令和 5 年 3 月 31 日までの期間に、一定の生産等設備（以下、「特定経営力向上設備等」といいます）を取得又は製作若しくは建設（以下、「取得等」といいます）をし、これを国内にあるその中小企業者等が営む政令で定められた事業（以下、「指定事業」といいます）の用に供した場合に、その指定事業の用に供した日を含む事業年度において、その取得価額相当額の全額を償却（以下、「即時償却」といいます）又はその取得価額の 7 %相当額（特定中小企業者等についてはその取得価額の 10 %相当額）の税額控除を選択適用することができる制度です。

なお、中小企業経営強化税制の優遇措置を適用するためには、一定の手続きが必要です。具体的には、この制度の適用を受けようとする中小企業者等は、原則として、A 類型では設備等に対する工業会等からの確認書を事前に入手し、B 類型と C 類型では投資計画に対する経済産業局からの確認書の発行を事前に受けたうえで、各主務大臣（その事業者の営む事業の担当省庁）から中小企業等経営強化法の経営力向上計画の認定を受ける必要があり、1 中小企業投資促進税制よりも手続きが複雑になっています。

経営力向上計画は設備投資計画だけの策定では足りない

経営力向上計画とは、単に生産等設備の設備投資による生産性向上となる計画だけではなく、人材育成やコスト管理などのマネジメントの向上も含めて自社の経営力を向上するために実施する計画をいいます。

他の優遇税制との重複適用の可否

この制度においては、特別償却と税額控除の選択適用が可能です。

但し、一の特定経営力向上設備等で特別償却と税額控除の両者を重複適用することは認められません。また、この制度の適用を受ける一の特定経営力向上設備等については、租税特別措置法上の圧縮記帳をはじめ他の制度による特別控除や税額控除の規定を重複して適用することもできません。

他の制度による税制上の優遇措置との重複適用が認められないのは、あくまでも租税特別措置法上において定められている規定になります。例えば、国庫補助金等で取得した固定資産等の圧縮記帳（法法42）などの法人税法上の圧縮記帳の適用を受けた場合であっても、これが特定経営力向上設備等に該当するときは、圧縮記帳と中小企業経営強化税制を重複して適用することができます。

また、例外として、この制度のうち、特別償却については研究開発税制と重複して適用することができます。研究開発税制においては、減価償却費のうち「租税特別措置法52条の3の規定による特別償却準備金の積立額は含まれない」と規定していますので（措通42の4（2)−4)、準備金方式による特別償却以外の方法で特別償却費を損金経理した場合には、即時償却した取得価額相当額は試験研究費に含めることができることになります。

(1) 特別償却

この制度における特別償却限度額は、特定経営力向上設備等の取得価額から普通償却限度額を控除した金額に相当する金額とされているため、特定経営力向上設備等については即時償却が認められています（措法42の12の4①)。そもそも減価償却費は損金経理をすることを要件として損金算入されるため、特別償却限度額の部分を損金算入する場合においても、原則として特別償却費として損金経理する必要があります。

なお、特別償却のうち、その事業年度においてその特別償却限度額まで減価償却費を計上せず、特別償却不足額が生じた場合には、その償却不足額については1年間繰り越すことができます（措法52の2)。

(2) 税額控除

この制度において、その事業年度の法人税の額から控除することができる金額は、特定経営力向上設備等の取得価額の7％相当額（資本金の額等が3,000万円以下の特定中小企業者等にあっては10％相当額、以下「税額控除限度額」といいます）が限度となりますが、その事業年度の法人税額の20％相当額が上限となります（措法42の12の4②)。

また、この制度における税額控除は、1中小企業投資促進税制のように特定中小企業者等に限定されず、中小企業者等に該当すれば特別償却との選択適用ができます。なお、この制度の税額控除限度額は特定経営力向上設備等の取得価額の7％相当額とされていますが、中小企業者等のうち特定中小企業者等に該当する場合には税額控除限度額はその取得価額の10％相当額となりますので、資本金の額等が小規模な法人にはより優遇された措置が設けられています。

この制度における優遇措置のうち税額控除を選択し、同様に他の設備等について[1]中小企業投資促進税制による税額控除の適用を受けている場合において、これらの税額控除の合計額がその事業年度の法人税額の20％相当額を超えるときは、税額控除の適用を受けることができる金額は、その合計額のうちその事業年度の法人税額の20％相当額が限度となります（措法42の12の4②）。

取得等をした特定経営力向上設備等に対し国庫補助金等の交付を受けた場合（交付を受けることが予定される場合を含みます）で、法人税法42条（国庫補助金等で取得した固定資産等の圧縮額の損金算入）又は同法44条（特別勘定を設けた場合の国庫補助金等で取得した固定資産等の圧縮額の損金算入）に規定する圧縮記帳の適用を受ける場合には、その取得等をした当初取得価額から圧縮記帳による損金の額に算入された金額を控除した金額が、この制度の税額控除限度額の基礎となる取得価額とみなされます（措通42の12の4-9）。なお、圧縮記帳のうち「積立金方式」による場合においても同様に、補助金の額等を差し引いた金額が取得価額とみなされます。

条文上、この制度における税額控除限度額は、「調整前法人税額の100分の20に相当する金額を超えるときは、その控除を受ける金額は、当該100分の20に相当する金額を限度とする。」と規定されています（措法42の12の4②）。この場合の調整前法人税額とは、租税特別措置法42条の4（試験研究を行った場合の法人税額の特別控除）をはじめとする各措置法上の法人税額の特別控除及び法人税法67条（特定同族会社の特別税率）をはじめとする法人税法における法人税額の調整その他震災税特法上の特別控除等の規定を適用しないで計算した場合における法人税額（附帯税を除く）とされています（措法42の12の4②、同42の4⑧二）。つまり、この制度における法人税額の20％相当額とは、他の税額調整の規定を適用する前の法人税額で判定することになります。

税額控除限度額の繰越し

税額控除限度額がその事業年度の法人税額の 20 ％相当額を超えるため、その事業年度において税額控除限度額の全部を控除しきれなかった場合には、その控除しきれなかった金額（以下、「繰越税額控除限度超過額」といいます）については１年間繰り越すことができます（措法 42 の 12 の 4 ③、④）。但し、繰り越した事業年度において新たに特定経営力向上設備等を取得等した場合には、まずはその事業年度において取得等をした特定経営力向上設備等を優先して税額控除限度額を計算し、これが法人税額の 20 ％相当額を超えない場合に、その法人税額の 20 ％相当額に達するまでの範囲内において繰越税額控除限度超過額を控除することができます（措法 42 の 12 の 4 ③）。

また、課税所得が生じなかった事業年度において特定経営力向上設備等を取得等した場合であっても、本来税額控除できる金額を繰り越すことで翌事業年度に税額控除の適用を受けることができます。なお、繰り越した事業年度において新たに特定経営力向上設備等の取得等をしている場合の繰越税額控除限度超過額の取扱いについては、上述の但書にある取扱いのとおりです。

特定経営力向上設備等に値引きがあった場合

特定経営力向上設備等を指定事業の用に供した事業年度後の事業年度において、その特定経営力向上設備等の対価の額について値引きがあった場合には、供用事業年度に遡及して税額控除限度額の修正を行う必要があります（措通 42 の 12 の 4−10）。

特別償却と税額控除は個々に選択が可能

特別償却と税額控除は選択適用であるため、一の資産に対し、これら２つの優遇措置を重複して適用することはできませんが、取得した設備単位で個々に特別償却と税額控除を選択適用できるため、例えば、同じ機械装置を２台取得した場合のように同じ資産分類内であっても、１台は特別償却を選択し、もう一方は税額控除を選択することができます。

リースによる取得

この制度の適用対象資産の取得に当たっては、法人税法上のリース取引による取得も想定されます。法人税法上のリース取引には、所有権移転リース取引と所有権移転外リース取引とに区分されますが、このリース取引のうち所有権移転リース取引による取得の場合には、通常の売買取引と変わらないため、中小企業者等がこの制度を適用するに当たっては何ら制限されることなく特別償却又は税額控除を選択適用することができます。

これに対し、所有権移転外リース取引による取得の場合には、原則として売買取引に準じた処理となりますが、一定の要件のもと賃貸借処理による経理処理も容認されることから、特別償却を適用することはできず、税額控除のみが選択可能となります（措法42の12の4⑥）。

2 適用要件

この制度の適用を受けることできる対象法人は、中小企業等経営強化法の経営力向上計画の認定を受けた中小企業者等であることが必要条件で、認定を受けた中小企業者等は即時償却と税額控除の選択が可能です。この制度は、1中小企業投資促進税制とは異なり、その中小企業者等のうち資本金の額等によって税額控除を選択できないといった制限はありませんが、資本金の額等が小規模な中小企業者等に対しては税額控除限度額の幅が広げられており、特定中小企業者等にとってはより優遇された制度となっています。なお、即時償却の選択に当たってはこのような資本金の額等による制限はありません。また、この制度は適用対象資産となる特定経営力向上設備等を指定事業の用に供した場合に限り適用されます。

その法人が中小企業者等に該当するかどうかは、特定経営力向上設備等の取得等をした日の現況により判定し、特定中小企業者等に該当するかどうかについても同様です（措通42の12の4-1）。

適用対象法人が取得等をした特定経営力向上設備等を事業の用に供する場合において税制上の優遇措置の適用を受けることができるのは、特定経営力向上設備等を指定事業の用に供した場合に限られます（措法42の12の4①）。中小企業経営強化税制上の指定事業の範囲については、以下の**【図表2-7】**のとおりです。

【図表 2-7　指定事業（中小企業経営強化税制）】

中小企業経営強化税制上の指定事業
製造業、建設業、鉱業、卸売業、小売業、一般旅客自動車運送業、倉庫業、港湾運送業、ガス業、料理店業その他の飲食店業（料亭、バー、キャバレー、ナイトクラブその他これらに類する事業を除く）、海洋運輸業及び沿海運輸業、内航船舶貸渡業、旅行業、こん包業、郵便業、損害保険代理業、情報通信業、駐車場業、学術研究、不動産業、物品賃貸業、専門サービス業、広告業、技術サービス業、宿泊業、洗濯・理容・美容・浴場業、その他の生活関連サービス業、医療、福祉業、社会保険・社会福祉・介護事業、サービス業（教育、学術支援業、映画業、協同組合、他に分類されないサービス業（廃棄物処理業、自動車整備業、機械等修理業、職業・労働者派遣業、その他の事業サービス業））、農業、林業、漁業、水産養殖業 （注）電気業、水道業、娯楽業（映画業を除く）等及び風俗営業法上の性風俗関連特殊営業に該当する事業は対象外。

指定事業はその中小企業者等が営む主たる事業の業種を指すのではなく、取得等をした特定経営力向上設備等が供される事業を指します。

つまり、中小企業者等が営む事業が指定事業に該当するかどうかは、その中小企業者等が主たる事業としてその事業を営んでいるかどうかを問わず（措通 42 の 12 の 4-6）、またその事業が指定事業に該当するかどうかは、概ね日本標準産業分類（総務省）の分類を基準として判定することになります（措通 42 の 6-5）。

なお、**【図表 2-7】**のうち「料理店業その他の飲食店業」の括弧書「料亭、バー、キャバレー、ナイトクラブその他これらに類する事業」には、例えば、大衆酒場及びビヤホールのように一般大衆が日常利用する飲食店は含まれません。つまり、一般的、日常的に利用される飲食店の事業の用に供される特定経営力向上設備等については、中小企業経営強化税制の適用対象資産に該当することになります。

指定事業用と指定事業用以外の用に共通して使用している場合の適用可否

指定事業とその他の事業とを営む中小企業者等が特定経営力向上設備等の取得等をし、これをそれぞれの事業の用に共通して使用するときは、その全てが指定事業の用に供されているものとして中小企業経営強化税制を適用することができます（措通 42 の 12 の 4-7）。

自己が便益を享受するための貸与の取扱い

特定経営力向上設備等を貸付け用に供する場合には、原則としてこの制度を適用することはできませんが、例えば中小企業者等が取得等をした特定経営力向上設備等を自己の下請業者に貸与した場合で、その設備等が専ら自己のための製品の加工等の用に供されているときは、自己の営む事業の用にその設備等が供されているものとして取扱うことができます（措通 42 の 12 の 4-8）。

ここまでは中小企業経営強化税制全般について A 類型・B 類型・C 類型に共通する内容として確認してきました。

ここからは、この制度のうち A 類型に限定して確認していくため、特定経営力向上設備等については下記の**【図表 2-8】**のとおり「生産性向上設備」が対象となります。なお、後述する B 類型、C 類型の適用対象資産はそれぞれ収益力強化設備、デジタル化設備とされ、生産性向上設備とは区分されています。

【図表 2-8　特定経営力向上設備等の範囲】

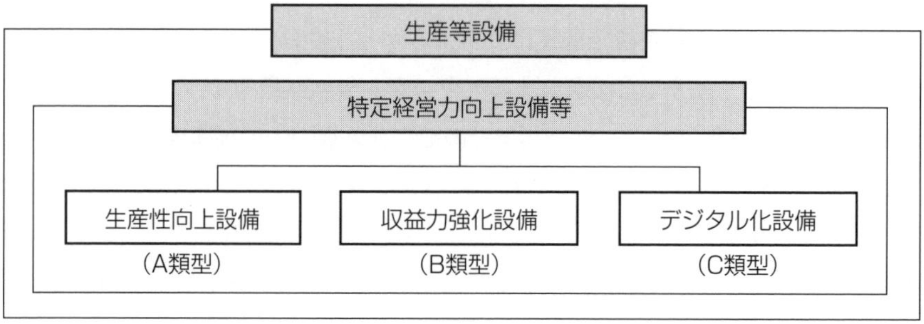

特定経営力向上設備等である生産性向上設備は、中古のものではなく新品であること、これを国内で行う指定事業の用に供していることのほか、下記の**【図表 2-9】**のとおり各資産に応じ取得価額基準や販売開始期間の要件が設けられていますが、取得価額基準は 1 中小企業投資促進税制のように、対象設備のその事業年度における取得価額の合計額による判定基準はなく、常に 1 台若しくは 1 基又は一の取得価額のみで判定することになります。

【図表 2-9　適用対象資産と各資産の適用要件】

対象設備	用途等	適用要件	販売開始期間
機械及び装置	全て	1台又は1基の取得価額が160万円以上のもの	10年以内
工具	測定工具及び検査工具	1台又は1基の取得価額が30万円以上のもの	5年以内
器具及び備品	全て	1台又は1基の取得価額が30万円以上のもの	6年以内
建物附属設備	全て	一の取得価額が60万円以上のもの	14年以内
ソフトウェア	一定の収集機能、分析・指示機能を有するもの	一の取得価額が70万円以上のもの	5年以内

この制度の対象設備である生産性向上設備は、生産等設備のうち上記**【図表 2-9】**の要件を満たす設備等をいいます。ここで、生産等設備とは、中小企業者等が行う生産活動、販売活動、役務提供活動その他収益を稼得するために行う活動の用に供される減価償却資産で構成されるものをいい、事務用器具備品、本店や寄宿舎などの建物や附属設備、福利厚生施設等に係るもの等は含まれません（措通42の12の4-2）。

なお、生産性向上設備とは、上記の**【図表 2-9】**に掲げる要件及び販売開始期間を満たす対象設備のうち、旧モデル比で経営力の向上に資するものの指標（生産効率、エネルギー効率、精度等）が年平均１％以上向上するものをいいます。ソフトウェアや旧モデルがないものは各指標による生産性向上の要件はなく、**【図表 2-9】**に掲げる要件だけで判定します（強化法規８①一）。

ところで、生産性向上の基準となる指標は、単位時間当たりの生産量や精度、エネルギー効率などが挙げられていますが、実務上は様々な経営力の向上に資する機能に関する指標があり、これが旧モデル比で年平均１％以上向上するかの確認は、設備等を取得する中小企業者等の側ではなく証明書を発行する工業会等が行います。証明書の発行に当たっては設備メーカー等が工業会等にその発行申請を行います。

また、各対象設備の適用要件となっている取得価額基準について、法人税法上の圧縮記帳（法法42～49）の適用を受ける場合には、その圧縮記帳後の金額を取得価額として金額判定を行います（措通42の12の4-5）。

取得等をする適用対象資産のモデル要件

この制度における適用対象資産は販売開始期間が要件とされているのが特徴です。そのモデルは一定の期間内に販売されたモデルであることで足り、必ずしも最新モデルである必要はありません。

(1) 機械及び装置の適用要件

機械及び装置は、用途等の範囲に制限はなく、1台又は1基（通常1組又は1式をもって取引をされるものについては、その1組又は1式）の取得価額が160万円以上のもので（措令27の12の4②）、その設備の型式区分に係る販売開始日から中小企業者等がこれを導入した日までの期間（以下、「販売開始期間」といいます）が10年以内のものに限ります（強化法則8②一）。

なお、機械及び装置のうち、発電の用に供する設備等にあっては、主に全量売電をはじめ発電される電気量の2分の1を超えて売電することを目的として取得等するものは除かれます。また、発電設備等の取得等に対し経営力向上計画の認定を受ける場合には、申請の際、「発電設備等の概要等に関する報告書」その他その内容を確認できる書類の添付が必要です。

「機械及び装置」又は後述する (2)「工具」、(3)「器具及び備品」の適用要件となっている取得価額の金額判定の単位とされる「1台又は1基」については、通常一単位として取引される単位ごとに判定しますが、本体部分と同時に設置される附属機器で、その本体と一体となって使用するものがある場合には、これらの附属機器を含めて金額判定を行うことができます（措通42の12の4-4）。

(2) 工具（測定工具及び検査工具）の適用要件

工具については、測定工具及び検査工具（電気又は電子を利用するものを含む）に限定され（強化法規8②一）、その1台又は1基の取得価額が30万円以上のもので（措令27の12の4②）、販売開始期間が5年以内のものに限ります（強化法規8②一）。

また、工具のうち、測定工具及び検査工具は1中小企業投資促進税制の適用対象資産ともなっていますが、取得価額要件として[1]のようなその事業年度の取得価額の合計額による判定はこの制度では行いません。あくまでも1台又は1基当たりの取得価額が30万円以上かどうかで判定します。

なお、A類型では工具について測定工具及び検査工具（電気又は電子を利用するものを含む）に限定されていますが、同じ中小企業経営強化税制であるB類型、C類型においては、その用途等の範囲について制限はありません。

(3) 器具及び備品の適用要件

器具及び備品については、原則として用途等の範囲に制限はなく、1台又は1基の取得価額が30万円以上のもので（措令27の12の4②)、販売開始期間が6年以内のものに限ります（強化法規8②一)。但し、情報通信業（データセンター業）のうち自己の情報処理機能の全部又は一部の提供を行う事業を行う法人が取得等する電子計算機や医療保健業を行う事業者が取得等する医療機器は除かれます（なお、医療保健業を行う事業者は、医療用機器の特別償却（措法45の2）の適用を検討することになります)。

(4) 建物附属設備の適用要件

建物附属設備についても、原則として用途等の範囲に制限はありません。なお、一の取得価額が60万円以上のもので（措令27の12の4②)、販売開始期間が14年以内のものに限ります（強化法規8②一)。但し、医療保健業を行う事業者が取得等をするものは除かれます。

(5) ソフトウェアの適用要件

ソフトウェアは、設備の稼働状況等に係る情報収集機能及び分析・指示機能を有するもののうち（強化法規8②一)、一の取得価額が70万円以上のもので（措令27の12の4②)、販売開始期間が5年以内のものに限ります（強化法規8②一)。なお、工具と同様、[1]中小企業投資促進税制のように取得価額の合計額による判定はこの制度では行いません。あくまでも一の取得価額が70万円以上かどうかで判定します。

また、この制度におけるソフトウェアについては、[1]中小企業投資促進税制におけるソフトウェアの範囲と同様、関連するシステム仕様書等の書類その他一定のソフトウェアを含み、複写して販売するための原本となるソフトウェアなどは除かれます（措令27の12の4①、措規20の3②、③参照）。

なお、ソフトウェアについて新たな機能の追加や機能の向上などに該当するプログラムの修正、改良等のために支出した費用で、その付加された機能等の内容からみて、実質的に新たなソフトウェアの取得と同等であると認められるときは、その支出した費用の額をソフトウェアの取得価額として、この制度が適用されます（措通42の12の4-3）。

この制度の適用対象事業年度は、平成29年4月1日から令和5年3月31日までの期間内のうちに上記の**【図表2-9】**に掲げる対象設備の取得等をし、これを国内の指定事業の用に供した場合における、その指定事業の用に供した日を含む事業年度となります。

なお、解散（合併による解散は除きます）の日を含む事業年度と清算中の各事業年度はこの適用対象年度の対象外となります（措法42の12の4①）。

事業供用日に注意

この制度を適用することができる事業年度は、生産性向上設備の取得等をし、これを国内の指定事業の用に供した事業年度になります。

実務上、この制度の適用を受けるため決算期末の直前において生産性向上設備を駆け込みで取得等をし、事業供用日を納品書や請求書などの日付をもって、その日の属する事業年度において税制優遇措置を適用してしまうケースがあるかと思われます。事業の供用とは、一般的に生産性向上設備が本来の目的のために使用を開始するに至ったことをいい、例えば、機械を工場内に搬入しただけでは事業の用に供したとはいえず、その機械を据え付け、試運転を完了して製品等の生産を開始した日が事業供用の日となります。税務調査においては、決算期末間際の設備の取得等の時期については、受注先に引き渡し完了時期や検収完了の時期を確認するため反面調査が実施されるケースがあることから、事業供用日の判断においては留意すべきです。

3　適用のための諸手続き

この制度における優遇措置の適用を受けるためには、その申告の際、償却限度額又は税額控除の金額の計算に関する明細書（法人税等各種別表の付表又は別表）のほか、「経営力向上計画書」の写しと「経営力向上計画に係る認定書」の写しを添付して申告する必要があります。添付要件とされる認定書の交付と税務申告までの簡単な流れは、下記の**【図表 2-10】**のとおりですが、まずは、取得等をする予定の設備等が生産性向上設備に該当するかどうかを確認する必要があります。

生産性向上設備は、上記の**【図表 2-9】**の要件を満たす設備等のうち経営力の向上に資する機能に関する指標が旧モデル比で年平均１％以上向上するものに対しては工業会等から証明書が交付され、これを入手することになります。なお、証明書の発行申請は通常その設備等のメーカー側で行われますので、取得等を予定している中小企業者等は単に設備メーカー等に証明書の発行を依頼するだけとなります。

【図表 2-10　経営力向上計画認定と申告の流れ】

生産性向上設備導入の検討

⇩

工業会等による証明書を入手
※設備メーカー等において、設備等が要件を満たしていることを確認し、メーカー側で工業会等に対して証明書の発行を申請

⇩

（1）　経営力向上計画を策定

⇩

（2）主務大臣（担当省庁）に計画申請
【添付書類】
計画申請書とその写し
工業会等による証明書の写し
※計画書は事業者の事業分野別に定められている「事業分野別指針」に基づいて策定
※申請先は事業分野ごとに異なるため要注意
（ex）製造業（一般）………経済産業局
（食品）………農政局等
建設業…………………地方整備局

⇩

（3）　主務大臣による計画認定

⇩　→　原則として、認定後に設備を取得

（4）　税務申告
【添付書類】
経営力向上計画書の写し
経営力向上計画に係る認定書の写し
※特別償却の付表（八）又は別表六（二十三）を添付して申告

工業会等からの証明書は経営力向上計画の認定申請の際に添付する必要があるため、設備等の導入を検討する段階で、事前に設備メーカー等に証明書の発行を依頼しておく必要があります。

また、この制度の適用を受けようとする場合には、「租税特別措置の適用状況の透明化等に関する法律」3条1項に規定する、法人税関係特別措置について記載した「適用額明細書」をその法人税の申告書に添付して提出する必要があります。

(1) 経営力向上計画の策定

この制度における特別償却又は税額控除の適用を受けるためには、その中小企業者等が営む事業分野の主務大臣（担当省庁）から経営力向上計画の認定を受けることが要件となっています。そこで、まずは経営力向上計画を策定するため、「日本標準産業分類」において計画に係る事業分野を確認し、その事業分野に応じた「事業分野別指針」に準じて計画書を作成していきます。なお、事業分野別指針が策定されていない事業分野においては「基本指針」を踏まえて経営力向上計画を策定することになります。

経営力向上計画のフォームとその記載事項、そして各項目における留意点は、次のとおりです。なお、中小企業庁のホームページの「申請書様式類」には経営力向上計画認定申請書として「様式第1」と「様式第2」の2種類が掲載されています。「様式第2」は事業譲渡に係る不動産取得税の軽減措置を活用する場合に使用することになっていますので、本書では「様式1」を用いて作成してみます。

経営力向上計画

1　名称等

事業者の氏名又は名称《フリガナ》　E《イー》株式会社《カブシキガイシャ》

代表者名（事業者が法人の場合）　代表取締役　X

資本金又は出資の額　2,000万円　常時使用する従業員の数　36人

法人番号　1234567890123　設立年月日　19○○年○○月○○日

2　事業分野と事業分野別指針名

事業分野（18　プラスチック製品製造業
1815　プラスチック板・棒・管・継手・異形押出製品加工業）　事業分野別指針名（製造業に係る経営力向上に関する指針）

3　実施時期

令和×3年9月～　令和×6年8月

4　現状認識

①	自社の事業概要	当社は、板状のプラスチック材料を加熱・軟化させ、金型に真空吸引する真空成形によりプラスチック製品の加工製造を行う。事業分野別指針における規模は中規模に該当する。
②	自社の商品・サービスが対象とする顧客・市場の動向、競合の動向	当社では、真空成形によってLED照明等のカバーや業務用ゲーム等のパーツなどの製造加工を行っている。取引先は甲社を中心に300社。金型を使用しない製法で、小ロットの発注にも低コストで対応できるのが特徴ではあるが、環境にも配慮した高精度な製品の供給により顧客満足度の向上を図りたい。
③	自社の経営状況	売上高は、令和×2年度は○○百万円、令和×3年度は△△百万円と減少し、営業利益も令和×2年度は◇◇千円、令和×3年度□□千円と減少してはいるものの、売上総利益は令和×2年度は××％、令和×3年度は▽▽％と上昇しており、各拠点における製造ラインの効率化が進んでいるものと考えられる。今後は、材料費の高騰に伴う製品単価の見直しや、さらなる小ロットの発注にも応じ新規顧客の開拓による売上高の増加と、作業効率化による粗利率の向上を目指したい。

5　経営力向上の目標及び経営力向上による経営の向上の程度を示す指標

指標の種類	A　現状（数値）	B　計画終了時の目標（数値）	伸び率 ((B－A)／A)（％）
労働生産性	5,600	6,125	9.3％

6　経営力向上の内容

(1)　現に有する経営資源を利用する取組　有・無

(2)　他の事業者から取得した又は提供された経営資源を利用する取組　有・無

(3) 具体的な実施事項

	事業分野別指針の該当箇所	事業承継等の種類	実施事項 （具体的な取組を記載）	新事業活動への該非 （該当する場合は○）
ア	イ (2)		職場のよりよい環境を整備するため、さらなる「5S」の徹底を行う。スムーズに作業ができるよう「整理」「整頓」によって無駄な作業時間を削減し、「清掃」の徹底と「清潔」を維持することで職場の乱れを正し、「躾」により職場のルールを徹底して遵守することで工員にとって安全な職場づくりを図る。	
イ	ニ (1)		顧客の要望に迅速に対応するため、営業担当者と技術者が原料や用途に関する基本仕様を確認。開発設計者によりその用途に沿った型を設計し、熟練の技術者が成形を担当。その後、製品一つ一つを十分に検査し、納期を厳守して納品までのこれらの流れを発注段階でスケジューリングする。	
ウ	ホ (1)		設備の更新により、真空成形機にある上下のヒーターがモーター駆動となることで成形のタイミングがとりやすく、また設備がコンパクト化されたことで作業効率がアップするとともに、少量多品目の量産にも適しており、生産性の向上を図る。	

7　経営力向上を実施するために必要な資金の額及びその調達方法

(1)　具体的な資金の額及びその調達方法

実施事項	使途・用途	資金調達方法	金額（千円）
ア、イ	管理者人件費	自己資金	○○
ウ	経営力向上設備の購入	融資	3,000

(2)　純資産の額が零を超えること

純資産の合計額	証明書等

(3)　EBITDA 有利子負債倍率が 10 倍以内であること

EBITDA 有利子負債倍率	証明書等

8　経営力向上設備等の種類

	実施事項	取得年月	利用を想定している支援措置	設備等の名称／型式	所在地
1	ウ	×3.10	国A・国B・国C	真空成形機/ABC-123-DF型	○○県××市
2			国A・国B・国C		
3			国A・国B・国C		

	設備等の種類	単価（千円）	数量	金額（千円）	証明書等の文書番号等
1	機械装置	3,000	1	3,000	9876543
2					
3					

	設備等の種類	数量	金額（千円）
設備等の種類別小計	機械装置	1	3,000
	器具備品		
	工具		
	建物附属設備		
	ソフトウエア		
合計		1	3,000

9　特定許認可等に基づく被承継等中小企業者等の地位

10　事業承継等により、譲受け又は取得する不動産の内容

（土地）

	実施事項	所在地番	地目	面積（m^3）	事業承継等の種類	事業又は資産の譲受け元名
1						
2						
3						

（家屋）

	実施事項	所在地番	地目	面積（m^3）	事業承継等の種類	事業又は資産の譲受け元名
1						
2						
3						

①「1　名称等」

個人事業主など資本金を有しない場合や、法人番号（13桁）が指定されていない場合には、それぞれの箇所への記載は不要です。

また、「常時使用する従業員の数」欄は、中小企業基本法上、労働基準法20条の規定に基づく「予め解雇の予告を必要とする者」を常時使用する従業員として規定していますので、パート、アルバイト、派遣社員、契約社員、非正規社員及び出向者については個別判断とされていますが、この条文を引用する趣旨からすれば、通常、これらの者も常時使用する従業員としてカウントされることになると思われます。なお、役員は従業員には含まれません。

② 「2　事業分野と事業分野別指針名」

「事業分野」欄には、その計画に係る事業の属する事業分野を日本標準産業分類にて確認し、該当する中分類（2桁）と細分類（4桁）のコードと項目名を記載します。例えば、プラスチック製品の加工を行う事業の場合には、製造業のうち『18 プラスチック製品製造業』—『1815 プラスチック板・棒・管・継手・異形押出製品加工業』などと記載します。

「事業分野別指針名」欄には、その計画に係る事業の属する事業分野における事業分野別指針を記載しますが、指針が定められていない事業の場合には、ここは空欄にします。上記の例でいえば、『製造業に係る経営力向上に関する指針』などと記載します。

③ 「3　実施時期」

ここには、計画開始の月から起算して、3年（36月）、4年（48月）又は5年（60月）のいずれかの期間を設定して記載します。下記⑧に記載する生産性向上設備の取得等の日はこの実施時期の期間内となります。

④ 「4　現状認識」

「①自社の事業概要」欄は、自社の事業等の概要を簡潔に記載します。下記⑥「経営力向上の内容」において規模別に取組内容や取組みの数が指定されている場合には、ここで自社がどの規模に該当するかを明記しておきます。例えば、事業等の概要の記載に続いて『事業分野別指針における中規模製造業に該当』などと追記します。

「②自社の商品・サービスが対象とする顧客・市場の動向、競合の動向」欄は、主要な取引先や得意先の数などを記載します。また、独自の技術力やサービス面での非価格競争の強化による他社との差別化などの自社の強みや、逆に低価格競争や現代のシステム化に対応しきれていないなど自社の弱みなどについても記載します。

「③自社の経営状況」欄には、主に過去2年間の売上高、粗利益、営業利益などの推移による経営分析や、これによる今後の課題とその改善策、目標などを記載します。

⑤「5　経営力向上の目標及び経営力向上による経営の向上の程度を示す指標」

ここでは「事業分野別指針」を基に、指標の種類を選択してこの計画による「伸び率」を算定します。製造業や卸・小売業、外食・中食産業、基本方針その他多くの指針においては「労働生産性」を指標とし、計画期間に応じて目標とする伸び率が定められています。例えば、製造業では、3年計画の場合、労働生産性については1％以上の伸び率を達成する必要があり、4年計画では1.5％以上、5年計画では2％以上となっています。また、製造業では労働生産性以外にも売上高経常利益率や付加価値額を指標として選択することもでき、各事業分野に応じて指標の種類が異なっていたり、いくつかの指標の中から選択が可能である事業があったりするなど、指標の選択にあたっては各指針を確認する必要があります。

原則として、「A 現状（数値）」欄は計画開始直前の決算の実績数値にて計算します。なお、設立初年度の申請の場合には、月次決算数値など合理的な算出方法にて算定します。また、「B 計画終了時の目標（数値）」欄は計画終了直前の決算の目標数値にて計算します。

指標の計算において最も活用される「労働生産性」は、下記の算式によって算定します。労働生産性は労働者が効率的に生み出す成果を指標化したものですが、ここで用いられている労働生産性の算式は一般的な労働生産性を表す指標の算式とは異なっています。

$$\text{労働生産性} = \frac{\text{営業利益} + \text{人件費} + \text{減価償却費}}{\text{労働投入量}}$$

（労働者数、又は労働者数×1人当たりの年間就業時間）

⑥ 「6　経営力向上の内容」

「(1) 現に有する経営資源を利用する取組」欄と、「(2) 他の事業者から取得した又は提供された経営資源を利用する取組」欄は、例えば、事業承継の取組みがない場合、(1) は「有」、(2) は「無」を選択することになります。(1)、(2) ともに「無」が記載されることはなく、いずれか一方は必ず「有」を記載する必要があります。

「(3) 具体的な実施事項」のうち、事業分野別指針は、次の**【図表 2-11】**にあるように、各事業分野で策定すべき「経営力向上の内容」が異なり、また同じ事業分野であってもその規模に応じて策定すべき項目数が異なります。経営力向上の内容は、設備投資による生産性の向上計画だけではなく、人材育成やコスト管理などのマネジメントによる向上計画も含めた計画とされており、事業分野別に**【図表 2-11】**の例示のようにいくつかの項目の中から自己の計画に沿った項目を選択し、具体的な取組みを経営力向上計画に記載することになります。また、「事業承継等の種類」欄は、事業承継等を伴う取組みを行う場合に記載が必要ですが、事業承継等を伴わない場合には、斜線を引きます。

⑦ 「7　経営力向上を実施するために必要な資金の額及びその調達方法」

「実施事項」欄には、上記⑥「経営力向上の内容」の実施事項に記した記号（ア～ウ…）を記載し、「使途・用途」欄には資金の具体的な使途の内容を記載します。「資金調達方法」欄はこれらの実施事項を達成するための資金調達の手段として『自己資金』、『融資』又は『補助金等』などと記載します。

⑧ 「8　経営力向上設備等の種類」

ここには税制上の優遇措置を活用する場合に記載します。「取得年月」欄には生産性向上設備の取得等の予定年月を記載します。「利用を想定している支援措置」欄には、想定している優遇措置（国税 A 類型、国税 B 類型、国税 C 類型）に「○」を付します。「所在地」欄には生産性向上設備の設置予定地（都道府県名・市区町村名）を記載しますが、同じ型式のものを複数取得する場合で取得年月や設置する所在地が異なる場合には、列を分けて記載します。

また、各番号の設備の情報として「設備等の種類」欄には機械装置や器具備品な

【図表 2-11　事業分野別指針の経営力向上の内容（例）】

ex）製造業

各指針の経営力向上の内容

＜自社の強みを直接支える項目＞

イ．従業員等に関する事項
（1）多能工化及び機械の多台持ちの推進
（2）継続的な改善提案の推奨
ロ．製品製造工程に関する事項
（1）実際原価の把握とこれを踏まえた値付けの実行
（2）製品の設計、開発、製造及び販売の各工程を通じた費用の管理
ハ．標準化、知的財産権当に関する事項
（1）異なる製品間の部品や原材料の共通化
（2）暗黙知の形式知化
（3）知的財産権等の保護の強化
ニ．営業活動に関する事項
（1）営業活動から得られた顧客の要望等の製品企画、設計、開発等への反映
（2）海外の顧客に対応出来る営業及び販売体制の構築
（3）他の事業者と連携した製造体制の構築による受注機会の増大

＜自社の強みをさらに伸ばす項目＞

ホ．設備投資並びにロボット及びIT導入等に関する事項
（1）設備投資
（2）ロボットの導入又は増設
（3）ITの導入
（4）設備投資等が製品の品質及び製品一単位当たりの製造費用に大きな影響を及ぼす留意事項（鉄鋼、化学、電子・電気、重電、航空・宇宙医療機器等）
ヘ．省エネルギーの推進に関する事項
エネルギー使用量の把握、設備の稼働時間の調整及び最適な管理の実施、省エネルギー設備の導入、エネルギー管理体制の構築　等
ト．経営資源の組合せ
現に有する経営資源及び他の事業者から取得した又は提供をされた経営資源を有効に組み合わせて一体的に活用

↑

- 小規模製造業（20人未満）
  上記イ．～ニ．から1項目以上
  ※これに加えホ．～ト．の1項目以上にも取組むことを推奨
- 中規模製造業（20～300人未満）
  上記イ．～ニ．から2項目以上及びホ．～ト．から1項目以上
- 中堅製造業（300～2000人以下）
  上記イ．～ニ．から3項目以上及びホ．～ト．から2項目以上

ex）外食・中食産業（一部抜粋）

＜営業活動に関する事項＞

- 商品・サービスを提供するターゲット層の明確化
- マーケティングや商品･サービス開発、販路拡大等による顧客価値の向上、新規需要の創出
- 商圏や競合環境を踏まえた独自の付加価値を生み出す商品・サービスの工夫
- 国産食材の活用による商品・サービスの高付加価値
- 消費者への情報発信方法の工夫
- ICT（情報通信技術）を効果的に活用した顧客サービスの提供

＜コストの把握・削減に関する事項＞

- 商品・サービスごとの食材のロスの把握と抑制
- 変動要因を加味した販売予測
- サプライチェーンの各段階間の物流の効率化
- セントラルキッチンの導入や食品メーカーとの提携による店舗内における調理労働の単純化・効率化

＜マネジメントに関する事項＞

- 中長期的な経営計画の策定等を通じた店舗展開等の経営戦略の検討
- 作業工程の標準化及びマニュアル化
- 従業員の能力を最大限活用するための適切な評価による人事・労務管理
- HACCP等の導入による科学的な衛生・品質管理

＜人材に関する事項＞

- 従業員の健康増進に資する取組みを含む労働条件、労働環境等の整備・改善
- 消費者の信頼を高める情報提供やコミュニケーションの強化を図る人材の育成
- 女性や高齢者等の多様な労働力の活用

＜IT投資･設備投資･省エネルギー投資に関する事項＞

- POSシステムやオーダー・エントリー・システムの導入
- バックヤード業務のICT化
- 労働環境や作業効率、エネルギー効率等の改善を図るための設備・機器の切替え

↑

- 小規模（外食:5店舗以下、中食:従業員5人以下）
  上記の取組から1項目以上
- 中堅、中規模
  （外食:6店舗以上、中食:従業員6人以上）
  上記の取組から2項目以上

ど各生産性向上設備の減価償却資産の種類を記載し、「証明書等の文書番号等」欄には添付する工業会等の証明書に記載された整理番号を記載します。

「設備等の種類別小計」欄は、各生産性向上設備の種類別に数量、金額を小計し、最後に合計を算定します。「金額（千円）」欄の記載に当たり消費税の額を含めるかどうかは自社の経理方式に合わせます。

経営力向上計画の策定に当たっては、経営革新等支援機関でのサポートも検討

中小企業者等は経営力向上のための人材育成や設備投資などへの取組みを記載した経営力向上計画を主務大臣に申請し、認定を受けることで税制上の優遇措置を受けることができますが、計画の策定に当たっては「認定経営革新等支援機関」（中小企業庁ホームページに掲載）でサポートを受けることができます。支援に当たっては有料となる場合がありますので、事前に確認をして合意のうえで支援を受けるよう注意が必要です。

追加で生産性向上設備を取得した場合には変更申請を提出

経営力向上計画は、取得等をした生産性向上設備に対して策定するものではなく、法人として計画を策定することになるため、一度認定を受けた中小企業者等がその後追加で設備等の取得等をした場合には、その取得等をした設備等に対して新たに計画を策定するのではなく、既に認定を受けた経営力向上計画を変更する形で申請を行います。

変更申請に際しては、変更・追記した部分が明確になるよう下線を引いた変更後の経営力向上計画とともに、実施状況報告書や旧経営力向上計画認定書の写し、旧経営力向上計画の写し等を添付し、既に認定を受けている主務大臣に変更申請書を提出します。

なお、資金調達額の若干の変更や代表者の交代など経営力向上計画の趣旨が変わらないような軽微な変更については変更申請を要しません。

(2) 主務大臣への経営力向上計画の申請

次に、策定した経営力向上計画につきその認定を受けるため、その事業分野の担当省庁宛に計画の認定申請をしますが、申請先は事業分野ごとに異なるため、事前

に中小企業庁のホームページにて確認が必要です。例えば、同じ製造業や卸・小売業であっても一般の製造業や卸・小売業の申請先は本社が所在する各地域の経済産業局長宛となりますが、食料品・飲料の製造業や卸・小売業は地方農政局長等宛になります。申請の際には「経営力向上計画に係る認定申請書」に経営力向上計画と工業会等からの証明書（写し）を添付して提出します。提出方法は、郵送のほか一部電子申請も可能となっています。なお、申請内容についての事前確認の申込は受け付けていません。

(3) 主務大臣による計画認定

申請から認定までは、申請の時期にもよりますが、おおよそ30日程度を要します。税制上の優遇措置を受けるためには事業年度内に認定を受けている必要があり、また、原則として生産性向上設備は計画の認定後に取得等をして事業供用する必要があります。申請書に不備等がある場合には、申請先からの照会や申請の差戻しなどにより認定までの手続きに長期間を要する場合もありますので、余裕をもったスケジュールで申請手続きを進める必要があります。

設備取得後の経営力向上計画の申請（例外）

生産性向上設備は経営力向上計画の認定後に取得等することが原則となります。但し、生産性向上設備の取得等をした後に経営力向上計画を申請することも例外として認められています。この場合には、設備の取得等の日から60日以内に経営力向上計画を申請し、受理される必要があります。なお、この期間はあくまで取得等の日から受理されるまでの期間であって認定の日までの期間ではありません。郵送による申請の場合には受理された日付を電話にて問い合わせすることが可能です。経営力向上計画の申請を行うに当たり設備等の取得時期の違いによる手続きの流れについては下記の**【図表2-12】**のとおりです。

取得後申請の例外規定は、変更申請の場合も同じ

設備取得後の申請の例外規定は、計画変更による設備等の追加取得の場合も同様に設備の取得等から変更申請書が受理される日までの期間に60日以内の制限が設けられています。また、税制上の優遇措置を受けるためには事業年度内に計画の認

【図表2-12　設備の取得時期による申請の流れ】

（原則：計画認定後に設備を取得等する場合）

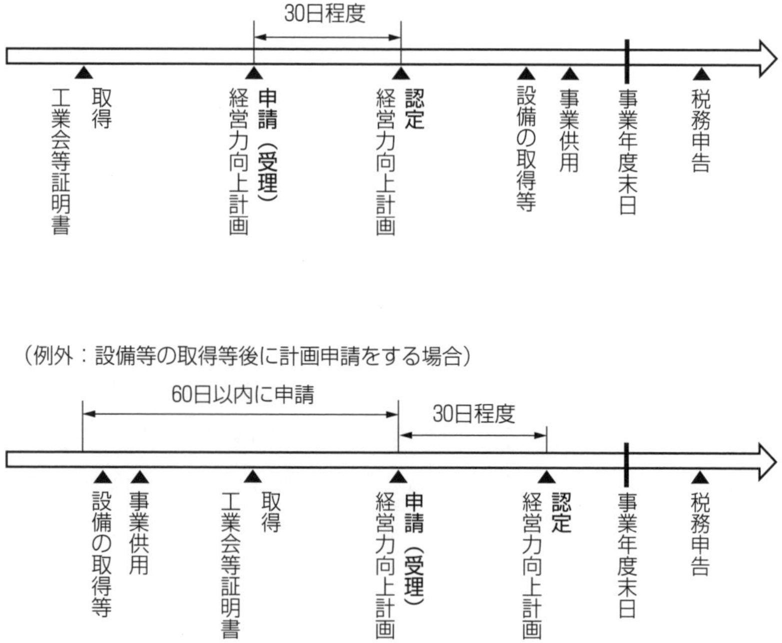

定を受けておく必要があることも同様です。

なお、B類型及びC類型では経営力向上計画認定前に設備等を取得することは、A類型と同様に例外として認められていますが、その事前手続きである経済産業局への投資計画申請前の設備等の取得等は認められていないため、B類型及びC類型を適用する際は、設備の取得等のタイミングに十分留意する必要があります。

(4) 税務申告

①　特別償却の場合

この制度による特別償却の適用に当たっては、損金経理要件のほか、確定申告書等(※)に特定経営力強化設備等の償却限度額の計算に関する明細書を添付し提出することがその適用要件となっています（措法42の12の4⑦）。具体的には、普通償却限度額の計算に係る減価償却資産の償却額の計算に関する計算書（別表十六(一）又は別表十六（二））と「中小企業者等又は中小連結法人が取得した特定経営力向上設備等の特別償却の償却限度額の計算に関する付表」（特別償却の付表（八））を添付し、その他に経営力向上計画書の写しと経営力向上計画認定書の写しを確定申告書等に添付して申告する必要があります。

（※）確定申告書等とは中間申告書及び確定申告書をいいます（措法2②二十七）。

また、本制度では、特別償却の適用を受けることに代えて、損金経理による特別償却準備金の積み立て、又はその事業年度の決算確定の日までに剰余金の処分による特別償却準備金の積み立てによる損金算入も認められています（措法52の3）。

準備金方式を採用する場合には、「特別償却準備金の損金算入に関する明細書」（別表十六（九））とともに、上記の特別償却と同様に「特別償却の付表（八）」の他に経営力向上計画書の写しと経営力向上計画認定書の写しを確定申告書等に添付して申告します。

なお、この制度では、その事業年度において特別償却限度額まで減価償却費を計上せず、特別償却不足額が生じた場合には、その償却不足額については1年間繰り越すことができます。償却不足額の繰越しは、別表十六（一）又は別表十六（二）において行います。

② 税額控除の場合

この制度による税額控除の適用に当たっては、控除を受ける金額を確定申告書等に記載し、その控除の対象となる特定経営力向上設備等である生産性向上設備の取得価額その他控除を受ける金額の計算に関する明細となる「中小企業者等が特定経営力向上設備等を取得した場合の法人税額の特別控除に関する明細書」（別表六（二十三））を添付して申告した場合に限り適用されます（措法42の12の4⑧）。税額控除においても特別償却と同様に別表の他、経営力向上計画書の写しと経営力向上計画認定書の写しを確定申告書等に添付して申告します。

この制度においては、税額控除限度額がその事業年度の法人税額の20％相当額を超え、その事業年度においてその全部を控除しきれなかった場合には、その控除しきれなかった繰越税額控除限度超過額については1年間繰り越すことができます（措法42の12の4③、④）。繰越税額控除限度超過額が生じた事業年度の翌事業年度において、その繰越税額控除限度超過額の控除を受けるためには、その控除を受けようとする事業年度の確定申告書等に、繰越税額控除限度超過額のうちその控除を受ける金額を記載するとともに、その金額の計算に関する明細書（別表六(二十三)）を添付して申告する必要があります（措法42の12の4⑨)。

2-B　中小企業経営強化税制（B類型）

1　制度の概要

中小企業経営強化税制全体の制度の概要については、2-Aと共通しているため、ここでは省略します（24ページ参照）。

2　適用要件

適用要件のうち、この制度の適用対象となる中小企業者等の範囲や特定経営力向上設備等が供される指定事業の範囲についても上記1と同様に2-Aと共通しているため、ここでは省略しますが、A類型とB類型においては、適用の対象となる各資産の適用要件と経営力向上計画策定に至るまでの手続きに大きな違いがあるため、ここからはこれらを中心に確認することにします。

B類型における特定経営力向上設備等は、2-Aにおける**【図表2-8】**のうち「収益力強化設備」に分類されます。収益力強化設備は、A類型と同様に中古ではなく新品であること、これを国内で行う指定事業の用に供していることが要件となり、下記の**【図表2-13】**の適用要件のとおり各資産に応じ取得価額基準の要件が設けられています。また、1中小企業投資促進税制のように対象設備のその事業年度に

【図表2-13　適用対象資産と各資産の適用要件】

対象設備	用途等	適用要件	販売開始期間
機械及び装置	全て	1台又は1基の取得価額が160万円以上のもの	要件なし
工具	全て	1台又は1基の取得価額が30万円以上のもの	
器具及び備品	全て	1台又は1基の取得価額が30万円以上のもの	
建物附属設備	全て	一の取得価額が60万円以上のもの	
ソフトウェア	全て	一の取得価額が70万円以上のもの	

おける取得価額の合計額による判定基準はなく、常に1台若しくは1基又は一の取得価額のみで判定することもA類型と同様ですが、A類型とは異なり「販売開始期間」の要件は設けられてはいません。

収益力強化設備とは、上記の【図表 2-13】に掲げる要件を満たす対象設備のうち、年平均の投資利益率が5％以上となることが見込まれることについて、経済産業大臣（経済産業局）の確認を受けた投資計画に記載された投資の目的を達成するために必要不可欠な設備をいいます。収益力強化設備には販売開始期間の要件は設けられていないため、旧モデルであってもこの制度の適用を受けることができますが中古のものは対象外となります。B類型は、個別の設備ではなく、例えば工場などに導入した設備を含んだ生産ラインなどの総合体によって収益力強化による投資利益率を算定して判定することになります。

年平均の投資利益率の計算は、以下の算式によって算定します。

$$\text{投資利益率}=\frac{\text{「営業利益＋減価償却費}_{(※1)}\text{」の増加額}_{(※2)}}{\text{設備投資額}_{(※3)}}$$

（※1）「減価償却費」は会計上の減価償却費をいいます。

（※2）『「営業利益＋減価償却費」の増加額』は、設備等の取得等をする年度の翌年度以降3年度の平均額になります。

例えば、工場の生産ラインの改善のために設備投資として機械装置その他付随する資産を35,000千円で取得し、これを導入することによって工員の残業代が年間2,000千円、3年度を通じて削減できる予定であるような場合の投資利益率の算定は以下の<事例>のようになります。

（※3）「設備投資額」とは、設備の取得等をする年度におけるその取得等をする設備等の取得価額の合計額となります。

<事例：基準への適合状況>

（単位：千円）

設備導入に伴う変化額			投資年度	1	2	3	3年平均
投資利益率	設備投資額		△35,000				
	売上高						
	売上原価	（減価償却以外）		△2,000	△2,000	△2,000	
		（減価償却費）		8,750	6,562	4,922	
	売上総利益			△6,750	△4,562	△2,922	

販管費	(減価償却以外)					
	(減価償却費)					
営業利益		△6,750	△4,562	△2,922		投資
減価償却費		8,750	6,562	4,922		利益率
簡易CF	△35,000	2,000	2,000	2,000	2,000	5.71 %

$$\text{投資利益率} = \frac{2{,}000\text{千円}}{\underset{\text{(設備投資額)}}{35{,}000\text{千円}}} = 5.714\cdots\% \geqq 5\%$$

また、A類型と同様に、各対象設備の適用要件となっている取得価額基準については、法人税法上の圧縮記帳（法法42～49）の適用を受ける場合、その圧縮記帳後の金額を取得価額として金額判定を行います（措通42の12の4-5）。但し、上記（※3）投資利益率の算定の基礎となる分母の「設備投資額」は圧縮記帳前の金額となります。

(1) 機械及び装置の適用要件

機械及び装置は、用途等の範囲に制限はなく、1台又は1基（通常1組又は1式をもって取引をされるものについては、その1組又は1式）の取得価額が160万円以上のものに限ります（措令27の12の4②）。

「機械及び装置」又は後述する (2)「工具」、(3)「器具及び備品」の適用要件となる取得価額の金額判定の単位とされる「1台又は1基」については、通常一単位として取引される単位ごとに判定しますが、本体部分と同時に設置される附属機器で、その本体と一体となって使用するものがある場合には、これらの附属機器を含めて金額判定を行うことができます（措通42の12の4-4）。

(2) 工具の適用要件

工具については、その1台又は1基の取得価額が30万円以上のものに限ります（措令27の12の4②）。なお、A類型では「測定工具及び検査工具（電気又は電子を利用するものを含む）」に限定されていますが、B類型においてはその用途等の範囲について制限はありません。

取得価額要件として 1 中小企業投資促進税制のようにその事業年度の取得価額

の合計額による判定はこの制度では行いません。あくまでも1台又は1基当たりの取得価額が30万円以上かどうかで判定します。

(3) 器具及び備品の適用要件

器具及び備品については、原則として用途等の範囲に制限はなく、1台又は1基の取得価額が30万円以上のものに限ります（措令27の12の4②）。但し、A類型と同様、情報通信業（データセンター業）のうち自己の情報処理機能の全部又は一部の提供を行う事業を行う法人が取得等する電子計算機、及び医療保健業を行う事業者が取得等する医療機器は除かれます（医療保健業を行う事業者は、医療用機器の特別償却（措法45の2）の適用を検討することになります）。

(4) 建物附属設備の適用要件

建物附属設備についても、原則として用途等の範囲に制限はなく、一の取得価額が60万円以上のものとなります（措令27の12の4②）。なお、A類型と同様に、医療保健業を行う事業者が取得等するものは除かれます。

(5) ソフトウェアの適用要件

ソフトウェアは、その一の取得価額が70万円以上のものに限ります（措令27の12の4②）。A類型では「設備の稼働状況等に係る情報収集機能及び分析・指示機能を有するもの」に限定されていますが、B類型においては、財務省令により除外されるソフトウェア以外にその用途等の範囲について制限はありません。

また、この制度におけるソフトウェアについては、関連するシステム仕様書等の書類その他一定のソフトウェアを含み、複写して販売するための原本となるソフトウェアなどは除外されます（措令27の12の4①、措規20の3②、③参照）。

なお、ソフトウェアについて新たな機能の追加や機能の向上などに該当するプログラムの修正、改良等のために支出した費用で、その付加された機能等の内容からみて、実質的に新たなソフトウェアの取得と同等であると認められるときは、その支出した費用の額をソフトウェアの取得価額として、この制度が適用されます（措通42の12の4-3）。

本制度の適用対象事業年度は、平成29年4月1日から令和5年3月31日までの期間内のうち、上記の**【図表2-13】**に掲げる対象設備の取得等をし、これを国内の指定事業の用に供した場合における、その指定事業の用に供した日を含む事業年度となります。

なお、解散（合併による解散は除きます）の日を含む事業年度と清算中の各事業年度はこの適用対象年度の対象外となります（措法42の12の4①）。

事業供用日に注意

この制度を適用することができる事業年度は、収益力強化設備の取得等をし、これを国内の指定事業の用に供した事業年度になります。

実務上、この制度の適用を受けるため決算期末の直前において収益力強化設備を駆け込みで取得等をし、事業供用日を納品書や請求書などの日付をもって、その日の属する事業年度において税制優遇措置を適用してしまうケースがあるかと思われます。事業の供用とは一般的に収益力強化設備が本来の目的のために稼働するに至ったことをいい、例えば、機械を工場内に搬入しただけでは事業の用に供したとはいえず、その機械を据え付け、試運転を完了して製品等の生産を開始した日が事業供用の日となります。税務調査においては、決算期末間際の設備の取得等については、受注先に引き渡し完了の時期を確認するために反面調査が実施されるケースがあるため留意すべきです。

3　適用のための諸手続き

この制度における優遇措置の適用を受けるためには、その申告の際、償却限度額又は税額控除の金額の計算に関する明細書のほか、「経営力向上計画書」の写しと「経営力向上計画に係る認定書」の写しを添付して申告する必要があることはA類型と同様です。

B類型では下記の**【図表2-14】**のとおり経営力向上計画を主務大臣に申請する前に、経営力向上計画の基礎となる投資計画案につき公認会計士又は税理士による事前確認と、経済産業局による投資計画の確認書の交付を受ける必要があります。

ここからは、特に経営力向上計画書の作成までの手続きがA類型の場合とは大き

【図表 2-14　投資計画申請と確認書発行の流れ】

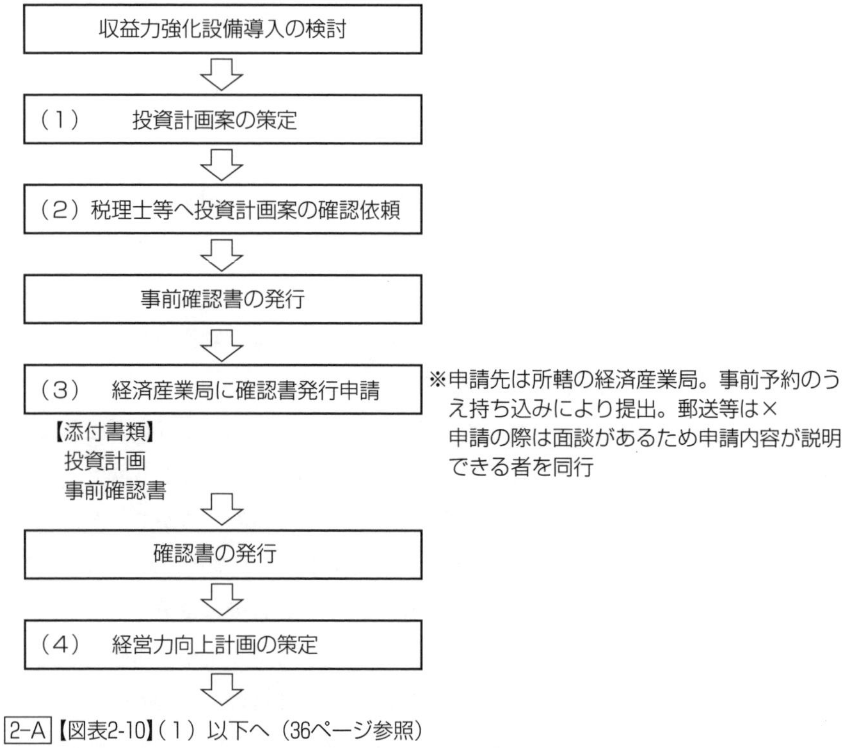

く異なるため、B 類型における経営力向上計画書の作成までの手続きの流れについて確認することにします。経営力向上計画の策定以降の流れについては、前述の 2-A における **【図表 2-10】** の（1）以降の手続きと同様です。また、経営力向上計画のフォームやその記載事項その他計画に関する留意点等、税務申告に係る手続きについても、2-A の内容と同様になります。

(1) 投資計画案の策定

投資計画案は、主に収益力強化設備に関する投資計画の確認申請書に記載する事項に基づいて策定します。

具体的には、自社を取り巻く経営環境についての現況や特定経営力向上設備等を導入する目的と必要性などの投資計画の概要を確認するとともに、例えば、工場の生産ラインの一部を取り替えることにより原価が低減するなど収益力強化設備がどのように事業を改善するのかを策定します。また、その改善による投資利益率を算定し、基準への適合状況を確認します。

(2) 投資計画案の確認依頼

投資計画案の策定後、経済産業局に提出すべき申請書に必要事項を記載し、その申請書の裏付けとなる資料等の必要書類を添付して公認会計士又は税理士の事前確認を受ける必要があります。事前確認を依頼する公認会計士又は税理士は自社の会計監査人や顧問税理士であっても構いません。また、社内に有資格者がいる場合には、その者が事前確認を行うことも可能です。

公認会計士又は税理士からは、確認依頼された申請書とその裏付け資料等との間に齟齬がないか等の確認がなされたうえで、一定の様式に沿った「事前確認書」が交付されます。

(3) 所轄の経済産業局への投資計画の確認書発行の申請

次に、投資計画の確認申請書に上記 (2) によって公認会計士又は税理士から交付された事前確認書を添付して、本社所在地を管轄する経済産業局に投資計画の確認書発行申請を行います。確認書発行申請は、事前に予約したうえで、記載した申請書の説明ができる者が持参又は同行してその内容について経済産業局の担当者に説明します。なお、説明ができる者が設備を導入した場所にしかいない場合など特段の事情がある場合には、設備を導入した場所を管轄する経済産業局にて申請を行うこともできます。

経済産業局において申請者からの投資計画についての説明があった後、収益力強化設備に対する投資計画として適切であると認められた場合には、概ね１か月ほどで投資計画に対する確認書が交付されます。

(4) 経営力向上計画の策定

この制度における特別償却又は税額控除の適用を受けるためには、その中小企業者等が営む事業分野の担当省庁から経営力向上計画の認定を受けることが要件となっています。上記 (3) の投資計画に対する確認書の発行を受けた後の経営力向上計画策定以降の流れについては、2-A に掲げる【図表 2-10】における主務大臣への計画申請に際して添付する書類が「工業会等による証明書の写し」から上記(3)により交付される「確認書の写し」及び「確認申請書の写し」となる以外には同様の手続きとなりますので、これ以降の流れについては**【図表 2-10】**を参照してください。

設備の取得等の時期に注意

設備の取得等の時期については、B 類型では、原則として経済産業局からの投資計画に対する確認書の交付を受け、経営力向上計画の認定を受けてから設備の取得等をする必要がありますが、例外として A 類型と同様に設備取得後 60 日以内に経営力向上計画を申請し、受理される場合も認められています。但し、経済産業局への確認申請は必ず設備取得前に行う必要があるため、B 類型では設備の取得等の時期について特に留意する必要があります。

実施状況報告の提出

確認書の交付を受けて収益力強化設備の取得等をした場合には、その取得等をした年度の翌年度以降 3 年間は、投資計画に関する実施報告を、その確認書の交付を受けた経済産業局に提出する必要があります。実施状況報告は事業年度終了後 4 月以内に行います。

2-C 中小企業経営強化税制（C 類型）

1 制度の概要

中小企業経営強化税制全体の制度の概要については、2-Aと共通しているため、B 類型と同様に、ここでも省略します。なお、C 類型はテレワーク等を促進することを目的にコロナ禍での働き方への見直しが後押しとなり、中小企業経営強化税制を拡充する形で創設されました。

2 適用要件

この制度の適用対象となる中小企業者等の範囲や特定経営力向上設備等が供される指定事業の範囲についても2-Aと共通しているため、ここでは省略します。C類型は、対象となる設備の種類や投資計画を策定して経済産業大臣（経済産業局）の確認を受けるという点はB 類型と同じにはなりますが、投資計画案の確認先などB類型とは手続きの流れが若干異なる部分があるため、その相違点を中心に確認することにします。

C 類型における特定経営力向上設備等の範囲は、2-Aにおける**【図表 2-8】**のうち「デジタル化設備」に分類されます。デジタル化設備は、A 類型、B 類型と同様に中古ではなく新品であること、これを国内で行う指定事業の用に供していることが要件となりますが、**【図表 2-15】**のとおり、適用要件である各資産に応じた取得価額基準額の要件はB 類型（**【図表 2-13】**）と同じとなります。また、1中小企業投資促進税制のように、対象設備のその事業年度における取得価額の合計額による判定基準はなく、常に1台若しくは1基又は一の取得価額のみで判定することもA 類型、B 類型と共通しています。

【図表 2-15　適用対象資産と各資産の適用要件】

対象設備	用途等	適用要件	販売開始期間
機械及び装置	全て	1台又は1基の取得価額が160万円以上のもの	要件なし
工具	全て	1台又は1基の取得価額が30万円以上のもの	
器具及び備品	全て	1台又は1基の取得価額が30万円以上のもの	
建物附属設備	全て	一の取得価額が60万円以上のもの	
ソフトウェア	全て	一の取得価額が70万円以上のもの	

デジタル化設備の定義

デジタル化設備とは、**【図表 2-15】**に掲げる要件を満たす対象設備のうち、事業プロセスの①遠隔操作、②可視化、③自動制御化のいずれかを可能にする設備として、経済産業省大臣（経済産業局）の確認を受けた投資計画に記載される投資目的を達成するために必要不可欠な設備をいいます。デジタル化設備にはＢ類型と同様に販売開始期間の要件は設けられていないため、旧モデルであってもこの制度の適用を受けることができますが、中古のものは対象外となります。

遠隔操作とは

デジタル化設備に該当するための要件として、「遠隔操作」を可能にする設備等が挙げられますが、遠隔操作とは次の①、②の要件を満たす設備等となります。

① デジタル技術が用いられた設備等を遠隔地から操作すること

② 以下のいずれかを目的とすること

・事業を非対面で行うことができるようにすること

・事業に従事する者が、通常行っている業務を、通常出勤している場所以外の場所で行うことができるようにすること

具体的には、遠隔医療相談サービス、遠隔教育、工場・店舗等で勤務する従業員が行う在庫管理等のためのテレワークなど、その設備等が生産等設備である工場、店舗等で行う生産等活動（生産活動、販売活動、役務提供活動その他収益を稼得するために行う活動）のために取得等をされるもので、その生産等活動の用に直接供されているものが対象となります。

なお、遠隔操作は、デジタル化を通じた非対面・非接触ビジネスを推進する観点

から、現在行っている事業だけではなく、新たに行われる事業を非対面で行うことができるようにする場合もその対象となります。

可視化とは

デジタル化設備に該当するための他の要件の１つとして「可視化」があります。可視化とは、次の①、②の要件を満たす設備等となります。

① 現に実施している事業に関するデータの集約や分析を、デジタル技術を用いて行うこと

② ①により、事業プロセスに関する最新の状況を把握し、経営資源等の最適化を行うことができるようにすること

具体的には、「原材料等の調達→製造→在庫管理→物流→販売」の一連の流れ（サプライチェーン）に関する情報の把握とこれに基づく適正な人員配置、生産量調整、温度等の工程管理、輸送量調整、投資判断など、経営資源等の最適化への取組みを実現できる設備等が該当します。単なるデータ集約のみとなる防犯カメラの設置などは、ここでいう可視化には該当しません。

また、可視化では、現在アナログで行われている事業のデジタル化を促進することを目的としているため、遠隔操作とは異なり新たに行う事業を対象としているわけではありません。

自動制御化とは

デジタル化設備に該当するための要件として、最後に「自動制御化」が挙げられます。自動制御化とは、次の①、②の要件を満たす設備等となります。

① 状況に応じ自動的に指令を行うことができるようデジタル技術を用いること

② ①の指令が、現に実施している事業プロセスに関する経営資源等を最適化するためのものであること

具体的には、デジタル技術が用いられた設備等を活用した工場における製造工程のオートメーション化が該当します。可視化と同様に、現在アナログで行われている事業をデジタル化に促進することを目的としているため、現在実施している事業における自動制御化のみが対象となります。

経営資源等の最適化

「経営資源等の最適化」とは、「設備、技術、個人の有する知識及び技能等を含む事業活動に活用される資源等の最適な配分等」をいいます。

圧縮記帳を適用する場合に判定する基準となる取得価額

A 類型、B 類型と同様に、各対象設備の適用要件となっている取得価額基準額については、法人税法上の圧縮記帳（法法 42～49）の適用を受ける場合、その圧縮記帳後の金額を取得価額として金額判定を行います（措通 42 の 12 の 4–5）。

(1) 機械及び装置の適用要件

機械及び装置は、用途等の範囲に制限はなく、1 台又は 1 基（通常 1 組又は 1 式をもって取引をされるものについては、その 1 組又は 1 式）の取得価額が 160 万円以上のものに限ります（措令 27 の 12 の 4 ②）。

「機械及び装置」又は (2)「工具」、(3)「器具及び備品」の適用要件となる取得価額の金額判定の単位とされる「1 台又は 1 基」については、通常一単位として取引される単位ごとに判定しますが、本体部分と同時に設置される附属機器で、その本体と一体となって使用するものがある場合には、これらの附属機器を含めて金額判定を行うことができます（措通 42 の 12 の 4–4）。

(2) 工具

工具については、その 1 台又は 1 基の取得価額が 30 万円以上のものに限ります（措令 27 の 12 の 4 ②）。なお、A 類型では「測定工具及び検査工具（電気又は電子を利用するものを含む）」に限定されていますが、C 類型では B 類型と同様、その用途等の範囲について制限はありません。

取得価額要件として 1 中小企業投資促進税制のようにその事業年度の取得価額の合計額による判定はこの制度では行いません。あくまでも 1 台又は 1 基当たりの取得価額が 30 万円以上かどうかで判定します。

(3) 器具及び備品

器具及び備品については、原則として用途等の範囲に制限はなく、1 台又は 1 基の取得価額が30万円以上のものに限ります（措令27の12の4②）。但し、A類型と同様、情報通信業（データセンター業）のうち、自己の情報処理機能の全部又は一部の提供を行う事業を行う法人が取得等する電子計算機、及び医療保健業を行う事業者が取得等する医療機器は除かれます（医業保健業を行う事業者は、医療用機器の特別償却（措法45の2）の適用を検討することになります）。

(4) 建物附属設備

建物附属設備についても、原則として用途等の範囲に制限はなく、一の取得価額が60万円以上のものとなります（措令27の12の4②）。なお、A類型と同様に、医療保険業を行う事業者が取得等するものは除かれます。

(5) ソフトウェア

ソフトウェアは、その一の取得価額が70万円以上のものに限ります（措令27の12の4②）。A類型では「設備の稼働状況等に係る情報収集機能及び分析・指示機能を有するもの」に限定されていますが、C類型においては、財務省令により除外されるソフトウェア以外にその用途等の範囲について制限はありません。

また、この制度におけるソフトウェアについては、関連するシステム仕様書等の書類その他一定のソフトウェアを含み、複写して販売するための原本となるソフトウェアなどは除外されます（措令27の12の4①、措規20の3②、③参照）。

なお、ソフトウェアについて新たな機能の追加や機能の向上などに該当するプログラムの修正、改良等のために支出した費用で、その付加された機能等の内容からみて、実質的に新たなソフトウェアの取得と同等であると認められるときは、その支出した費用の額をソフトウェアの取得価額として、この制度が適用されます（措通42の12の4-3）。

この制度の適用対象事業年度は、令和5年3月31日までの期間内のうち、上記の**【図表2-15】**に掲げる対象設備の取得等をし、これを国内の指定事業の用に供した場合における、その指定事業の用に供した日を含む事業年度となります。

なお、解散（合併による解散は除きます）の日を含む事業年度と清算中の各事業年度はこの適用対象年度の対象外となります（措法42の12の4①）。

事業供用日に注意

この制度を適用することができる事業年度は、デジタル化設備の取得等をし、これを国内の指定事業の用に供した事業年度になります。

実務上、この制度の適用を受けるため決算期末の直前においてデジタル化設備を駆け込みで取得等をし、事業供用日を納品書や請求書などの日付をもって、その日の属する事業年度において税制優遇措置を適用してしまうケースがあるかと思われます。事業の供用とは一般的にデジタル化設備が本来の目的のために稼働するに至ったことをいい、例えば、機械を工場内に搬入しただけでは事業の用に供したとはいえず、その機械を据え付け、試運転を完了して製品等の生産を開始した日が事業供用の日となります。税務調査においては、決算期末間際の設備の取得等については、受注先に引渡し完了の時期を確認するために反面調査が実施されるケースがあるため留意すべきです。

3　適用のための諸手続き

この制度における優遇措置の適用を受けるためには、その申告の際、償却限度額又は税額控除の金額の計算に関する明細書のほか、「経営力向上計画書」の写しと「経営力向上計画に係る認定書」の写しを添付して申告する必要があることはＡ類型と同様です。

Ｂ類型では経営力向上計画を主務大臣に申請する前に、経営力向上計画の基礎となる投資計画案につき公認会計士又は税理士による事前確認と、経済産業局による投資計画の確認書の交付を受ける必要があります。Ｃ類型においても、**【図表 2-16】**のとおり投資計画案については事前確認が必要となりますが、確認先は認定経営革新等支援機関であって、Ｂ類型のように資格者に限定されているわけではありません。また、経営力向上計画の認定申請には投資計画によるデジタル化設備に関する確認書が必要になります。

ここからは、特に経営力向上計画書の作成までの手続きがＡ類型の場合とは大きく異なるため、Ｃ類型における経営力向上計画書の作成までの手続きの流れについて確認することにします。経営力向上計画の策定以降の流れについては、前述の 2-A における**【図表 2-10】**（1）以降の手続きと同様です。また、経営力向上計画

【図表 2-16　投資計画申請と確認書発行の流れ】

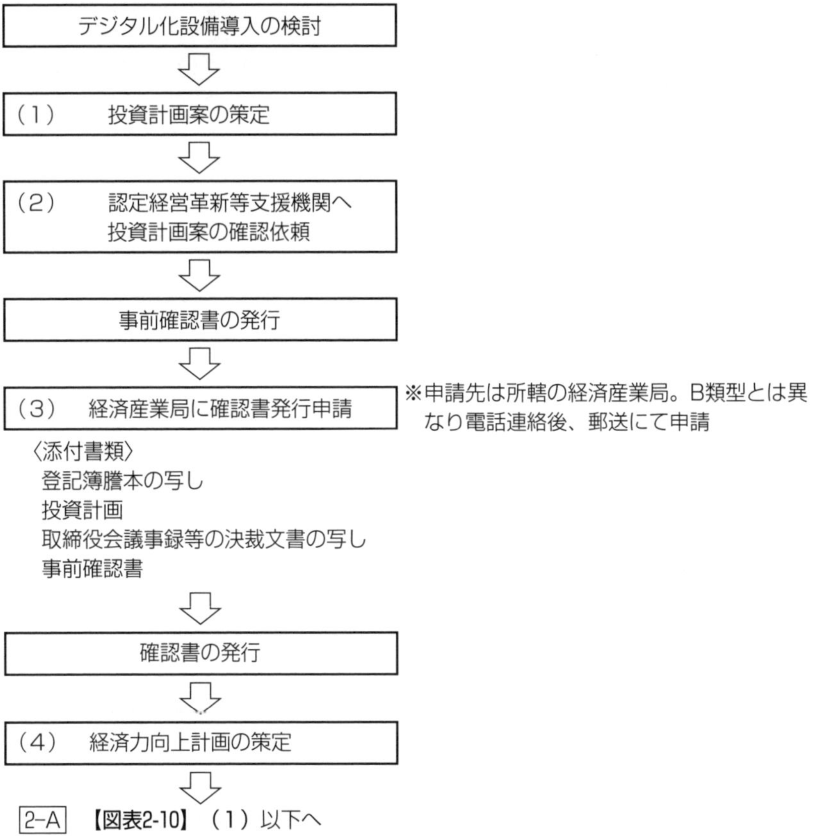

のフォームやその記載事項その他計画に関する留意点等、税務申告に係る手続きについても、2-Aの内容と同様になります。

(1) 投資計画案の策定

投資計画案は、次のとおり、経済産業局に提出すべきデジタル化設備に関する投資計画の確認申請書に記載する事項に従い策定します。

（様式 1）

中小企業等経営強化法の経営力向上設備等のうちデジタル化設備に関する
投資計画の確認申請書

令和×3 年○○月○○日

経済産業大臣　殿

中小企業等経営強化法第 17 条第 3 項並びに同法施行規則第 16 条第 1 項第 3 号及び第 2 項第 3 号の規定に基づき、下記の投資計画について確認を受けたいので申請します。

記

1　事業者の名称等

事業者及び代表者名	事業者名 M 株式会社 （法人番号　1112223334445　） 役職　代表取締役　名前　V　　印
所在地	○○県△△市××一丁目 1 番 1 号
事業内容	道路貨物運送業

2　経営力向上設備等の導入の目的

①　自社を取り巻く経営環境

新型コロナウイルス感染症拡大により、海外からの航空貨物が停止し、外国貨物の配送分野では一時大幅に売上が落ち込んだ。その一方で、国内では巣ごもり需要により、これまで以上にネット通販の利用が増加し、国内の物流はむしろ成長段階にあるといえる。新型コロナウイルス感染症に対する感染拡大の防止対策の効果とともに、外国貨物は回復傾向にあり、国内におけるネット通販の安定化を背景に、今後は脱価格競争による差別化戦略とドライバー不足を補うための業務の効率化が必要となってきている

②　経営力向上設備等を導入する目的及び必要性

物流業界では、トラックドライバーの長時間労働が常態化している中で、働き方改革による時間外労働の是正による労働環境の整備が求められている。特に、倉庫内での荷下ろしや積み込みなどの荷待ちによる待機時間が長くなれば他のドライバーにも連鎖するため、ドライバーの稼働時間に非効率的な部分が増加している。そこで、新たに GPS を利用した運行管理システムを導入し、各ドライバーの位置情報を把握することで、走行データを把握するだけではなく、帰着時間の予測や配送スケジュールに役立て、業務の効率化を図る。

3　経営力向上設備等の導入を行う場所の住所

○○県◇◇市◇◇１番地１

4　経営力向上設備等が事業者の事業のデジタル化に資することの説明

当該設備を導入することで、リアルタイムでドライバーの位置情報を取得することができ、走行ルートや走行時間などの走行データの可視化が実現する。これによってルートの見直しやドライバーの健康管理にも役立ち、生産性の向上が見込める。また、帰着時間の予測や配送計画の管理にも利用できるため、空き車両と荷物とのマッチングがしやすく業務の効率化につながる。

5　設備投資の内容（必要に応じて別紙）

	取得年月	設備等の名称／型式	所在地	設備等の種類	単価（千円）	数量	金額（千円）	用途
1	×3年6月	G–345	○○県◇◇市	ソフトウェア	3,000	1	3,000	可視化
2								
3								
4								
5								
計						1	3,000	

6　基準への適合状況

別紙

提出資料

(1)　登記簿謄本の写し（個人の場合、税務申告書等の事業実施を確認できる書類）

(2)　対象となる新規設備投資につき、既存設備の現況と設備投資後の状況を確認できる資料。

例えば、導入しようとする設備が、建物附属設備、機械・装置、器具・備品の場合においては、当該設備の導入前後で事業プロセスがどのように変化するかが分かる資料。ソフトウェアの場合は当該ソフトウェアがシステム全体にどう組み込まれる予定であり、システム導入前と導入後の変化を確認できる図表等。

(3)　投資計画の分かる資料（本申請書の根拠となる資料）

代表者又はそれに代わる者の押印がなされた社内で決裁された、当該申請書に係る投資計画又はそれに代わるもの（稟議書、取締役会議事録等）、導入する設備の見積り書。

(4) 認定経営革新等支援機関による事前確認書

「2 経営力向上設備等の導入の目的」欄のうち、まず①には、申請者を取り巻く経営環境についての概要を記載します。次に②には、当計画において経営力向上設備等を導入する目的とその必要性について記載します。

「3 経営力向上設備等の導入を行う場所の住所」欄には、設備を導入する建物(工場や店舗等)の所在地を記載します。

「4 経営力向上設備等が事業者の事業のデジタル化に資することの説明」欄には、導入する経営力向上設備等がどのように事業のデジタル化を可能にするかという観点から、導入によって当社が目指すデジタル化の内容等を説明していきます。

そして、「5 設備投資の内容」欄には、経営力向上設備等の取得予定の年月や内容、種類、単価等の詳細を記載します。

最後に、別紙として「6 基準への適合状況」を添付します。なお、別紙は次のとおり経済産業局よりその様式が用意されています。

(別紙)

基準への適合状況

投資の目的	運行管理システムの導入により走行データを可視化することで、生産性向上と業務の効率化を目指す		
要件への該当性	□	遠隔操作	
	☑	可視化	導入する設備を活用して、ドライバーの走行情報をリアルタイムで把握し、帰着のタイミングと配送荷物とをマッチングさせることで、配車の適性化等を実現する。
	□	自動制御化	
投資合計額	3,000,000円		

基準への適合状況については、「投資の目的」として、デジタル化に向けた設備投資をすることで実現したい内容を簡潔に記載します。

また、「要件への該当性」では、設備投資の目的が、「遠隔操作」、「可視化」又は「自動制御化」のいずれに該当するかを明確にするためチェックを入れ、その具体的な内容を記載します。

「投資合計額」欄は円単位で記載しますが、上記「5 設備投資の内容」における設備の「金額（千円）」の「計」欄と整合します。

(2) 投資計画案の確認依頼

投資計画案の策定後、確認申請書に記載された投資の目的を達成するために必要不可欠な設備について、その裏付けとなる資料等の必要書類を添付して認定経営革新等支援機関による事前確認を受ける必要があります。B類型とは異なり、事前確認の確認先は公認会計士又は税理士に限定されているわけではありません。

認定経営革新等支援機関からは、確認依頼された申請書とその裏付け資料等との間に齟齬がないか等の確認がなされたうえで、一定の様式に沿った「事前確認書」が交付されることになります。

(3) 所轄の経済産業局への投資計画の確認書発行の申請

次に、投資計画の確認申請書に上記 (2) による認定経営革新等支援機関から交付された事前確認書を添付して、本社所在地を管轄する経済産業局に投資計画の確認書発行申請を行います。申請は郵送によることになりますが、事前に電話で申請する旨の連絡をしておく必要があります。

申請の際には、対象となる新規設備投資につき、既存設備の現況と設備投資後の状況を確認できる資料を添付します。デジタル化設備に関する投資計画の確認申請書において一定の状況を説明することができるかと思われますが、導入しようとする設備が、機械及び装置、工具、器具及び備品、建物附属設備の場合には、その設備等の導入前後で事業プロセスがどのように変化するのか、ソフトウェアの場合には、これがシステム全体に組み込まれることによるシステム導入前後の変化を確認できる図表などを必要に応じて追加で添付します。

さらに、C類型の特徴として代表者等の押印がある稟議書や取締役会議事録等の社内での投資計画の決裁事実が分かる資料とともに導入する設備等の見積書も合わせて添付します。

経済産業局からはデジタル化設備に対する投資計画として適切であると認められた場合には、概ね1か月ほどで投資計画に対する確認書が交付されます。

(4) 経営力向上計画の策定

この制度における特別償却又は税額控除の適用を受けるためには、その中小企業者等が営む事業分野の担当省庁から経営力向上計画の認定を受けることが要件となっています。上記（3）の投資計画に対する確認書の発行を受けた後の経営力向上計画策定以降の流れについては、2-A に掲げる**【図表 2-10】**における主務大臣への計画申請に際して添付する書類が「工業会等による証明書の写し」から上記（3）により交付される「確認書」の写し及び「確認申請書」の写しとなる以外には同様の手続きとなりますので、これ以降の流れについては**【図表 2-10】**を参照してください。

設備の取得等の時期に注意

設備の取得等の時期については、C 類型では、B 類型と同様に原則として経済産業局からの投資計画に対する確認書の交付を受け、経営力向上計画の認定を受けてから設備の取得等をする必要がありますが、例外としてA 類型と同様に設備取得後60 日以内に経営力向上計画を申請し、受理される場合も認められています。但し、経済産業局への確認申請は必ず設備取得前に行う必要があるため、B 類型、C 類型ともに設備の取得等の時期については特に留意する必要があります。

3 中小企業防災・減災投資促進税制

次に、中小企業向け投資促進税制のうち、令和元年度（平成31年度）税制改正によって創設された「中小企業防災・減災投資促進税制」について確認します。この制度は、中小企業者等が自然災害に備えた事前対策を強化するための設備投資を後押しするため措置されました。優遇措置としては、1中小企業投資促進税制や2中小企業経営強化税制とは異なり、税額控除の選択肢はなく、特別償却のみとなります。

1 制度の概要

中小企業防災・減災投資促進税制は、青色申告書を提出する中小企業者等のうち、中小企業等経営強化法に基づく「事業継続力強化計画」（複数の企業同士で連携して策定される場合には「連携事業継続力強化計画」といいますが、以下「事業継続力強化計画」に限定します）の認定を受けた一定の中小企業者が、「中小企業の事業活動の継続に資するための中小企業等経営強化法等の一部を改正する法律」（中小企業強靱化法）の施行日となった令和元年7月16日から令和5年3月31日までの間に事業継続力強化計画の認定を受け、これらの認定計画に記載された一定の設備（以下、「特定事業継続力強化設備等」といいます）を、その認定を受けた日から1年以内に取得又は製作若しくは建設（以下、「取得等」といいます）をし、これを事業の用に供した場合に、その取得価額の20％相当額の特別償却が適用できる制度です。

一定の中小企業者

中小企業防災・減災投資促進税制の適用対象者は「特定中小企業者等」と定められており、ここでの特定中小企業者等とは、租税特別措置法上の中小企業者等のうち、中小企業等経営強化法2条1項に規定する中小企業者に該当するものとされています（措法44の2①）。

つまり、租税特別措置法上の中小企業者等と中小企業等経営強化法2条1項に規定する中小企業者とでは規模要件が異なるため、租税特別措置法上の中小企業者等に該当する場合であっても、中小企業等経営強化法上の中小企業者に該当しないケースもあり、この場合にはこの制度の適用を受けることができないため注意が必要です。

資本金の額等が1億円以下でも従業員の数に注意

例えば、資本金の額が1億円、従業員の数が500人の製造業の場合、資本金の額等が1億円以下であるため、租税特別措置法上の中小企業者等に該当します。また、製造業における中小企業等経営強化法上の中小企業者の要件は、「資本金の額が3億円以下又は常時使用する従業員の数が300人以下」とされており、従業員の数で要件を満たしていませんが、あくまでも中小企業者の要件は「又は」となっているため、資本金の額等の要件を満たしており、中小企業等経営強化法上の中小企業者にも該当することになります。

これに対し、資本金の額が1億円、従業員の数が100人の小売業の場合、これも資本金の額等が1億円以下であるため、租税特別措置法上の中小企業者等に該当します。しかし、小売業における中小企業等経営強化法上の中小企業者の要件は、「資本金の額が5千万円以下又は常時使用する従業員の数が50人以下」とされており，中小企業等経営強化法上の中小企業者の要件をともに満たしておらず、中小企業等経営強化法上の中小企業者には該当しないことになります。つまり、このケースのように、たとえ資本金の額の判断で租税特別措置法上の中小企業者等に該当していたとしても、中小企業等経営強化法上の中小企業者には該当しないため、この制度の適用を受けることができないことになります。

他の優遇税制との重複適用の可否

この制度においては、税額控除による優遇措置はなく、特別償却のみ適用が可能です。

なお、同じ減価償却資産で2以上の特別償却や税額控除に係る税制の適用を受けることはできません。また、資産の取得等に充てるための補助金等の交付を受けて取得等するものについても適用対象資産からは除外されています。

(1) 特別償却

この制度における特別償却限度額は、特定事業継続力強化設備等の取得価額の20％相当額となります（措法44の2①）。そもそも減価償却費は損金経理することを要件として損金算入されるため、特別償却の部分について損金算入する場合においても、原則として特別償却費として損金経理する必要があります。

また、特別償却が適用される場合の、その事業年度における税務上の償却限度額は、1中小企業投資促進税制で示した算式と同様、普通償却限度額に特別償却限度額を加えた金額の合計額となります。

償却限度額＝普通償却限度額＋特別償却限度額

なお、特別償却のうち、その事業年度においてその特別償却限度額まで減価償却費を計上せず、特別償却不足額が生じた場合には、その償却不足額については1年間繰り越すことができます（措法52の2）。

特別償却率の引下げ

令和3年税制改正により、投資の前倒しを促進する観点から、令和5年4月1日以後に取得等をする特定事業継続力強化設備等に係る特別償却率は、現行の20％から「18％」に引き下げられます（措法44の2①）。

(2) 税額控除

この制度では、設備投資に係る優遇措置として、税額控除は規定されておらず選択することはできません。

リースによる取得

1中小企業投資促進税制や2中小企業経営強化税制では、その適用対象資産の取得等を所有権移転外リースにより取得した場合には、税額控除のみが認められており、特別償却を選択適用することはできません。中小企業防災・減災投資促進税制では優遇措置として特別償却のみが認められているため、所有権移転外リースによる設備等の取得は、適用対象外となります（措法44の2①）。

2　適用要件

この制度は、特定事業継続力強化設備等を特定中小企業者等の事業の用に供した場合に適用されます。[1]中小企業投資促進税制や[2]中小企業経営強化税制とは異なり、優遇措置を受けることができる設備等が供される事業について「指定事業」のような制限はありません。

また、特定事業継続力強化設備等とは、事業継続力強化に資する設備、機器又は装置をいい、「事業継続力強化」とは、自然災害等が発生した場合に事業活動を継続する能力の強化を図ることをいいます。このような自然災害等の発生による事業活動への影響を軽減するために取得等される特定事業継続力強化設備等は、下記の**【図表2-17】**のとおり各資産に応じ取得価額基準が設けられています。

【図表2-17　適用対象資産と各資産の適用要件】

対象設備	適用要件
機械及び装置	1台又は1基の取得価額が100万円以上のもの
器具及び備品	1台又は1基の取得価額が30万円以上のもの
建物附属設備	一の取得価額が60万円以上のもの

対象外となる設備

この制度の対象設備のうち、以下に該当する設備は対象外となります。

・消防法及び建築基準法に基づき設置が義務付けられている設備

・中古品、所有権移転外リースによる貸付資産

資本的支出による取得も対象に

令和3年度税制改正により、資本的支出により取得等をする資産も対象資産に追加されました。

なお、これと引換えに、これまで国又は地方公共団体の補助金等の交付を受けて

取得等をした設備等については、令和３年度税制改正により除外されました（措法44の２②）。

(1) 機械及び装置の適用要件

機械及び装置は１台又は１基（通常１組又は１式をもって取引の単位とされるものについては、その1組又は1式）の取得価額が100万円以上のものに限ります（措令28の５②）。

この制度が適用される設備のうち、機械及び装置については次のものが挙げられます。また、これらと同等に自然災害の発生が事業活動に与える影響の軽減に資する機能を有するものを含みます。

自家発電設備、排水ポンプ、制震・免震装置、浄水装置、揚水ポンプ

「機械及び装置」又は後述する (2)「器具及び備品」の適用要件となっている取得価額の金額判定の単位とされる「１台又は１基」については、通常一単位として取引される単位ごとに判定しますが、本体部分と同時に設置される附属機器で、その本体と一体となって使用するものがある場合には、これらの附属機器を含めて金額判定を行うことができます（措通44の2-3）。

(2) 器具及び備品の適用要件

器具及び備品は１台又は１基の取得価額が30万円以上のものに限ります（措令28の５②）。器具及び備品については、自然災害の発生が事業活動に与える影響の軽減に資する機能を有するものであれば全て対象となります。

例示としては、制震・免震ラック、衛星電話、照明器具、データバックアップシステム、その他、架台（対象資産をかさ上げするために取得等をするものに限ります）や感染症対策のために取得等をするサーモグラフィ等が挙げられます。

(3) 建物附属設備の適用要件

建物附属設備は一の取得価額が60万円以上のものに限ります（措令28の５②）。

この制度が適用される設備のうち、建物附属設備については、次のものになります。また、これらと同等に自然災害の発生が事業活動に与える影響の軽減に資する機能を有するものを含みます。

自家発電設備、キュービクル式高圧受電設備、変圧器、配電設備、電力供給自動制御システム、照明設備、貯水タンク、浄水装置、排水ポンプ、揚水ポンプ、格納式避難設備、止水板、制震・免震装置、防水シャッター、無停電電源装置（UPS）

なお、建物附属設備のうち、この制度の創設当初に対象となっていた火災報知器、スプリンクラー、消火設備、排煙設備及び防火シャッターは、令和３年度税制改正によって除外されました。

3　適用のための諸手続き

この制度における優遇措置の適用を受けるためには、その申告の際、対象設備の償却限度額の計算明細書（特別償却の付表（十五））の添付が必要です。なお、設備等の取得等に当たって認定を受ける事業継続力強化計画等の写しや認定通知書等の添付は不要ですが、税務調査等の中でこれらの提示が求められる場合があるため、これに備え保管しておく必要があります。

また、策定した事業継続力強化計画等については、2 中小企業経営強化税制における経営力向上計画や投資計画案のように、認定経営革新等支援機関や公認会計士・税理士による事前確認等は不要です。

事業継続力強化計画の策定から申告までの流れについては、下記の**【図表 2-18】**のとおりですが、まずは、取得等をする予定の設備等が特定事業継続力強化設備等になるかどうかを判断します。

特定事業継続力強化設備等は、自然災害の発生が事業活動に与える影響の軽減に資する機能を有する減価償却資産であることが前提となっており、そのうち上記**【図表 2-17】**の要件を満たす一定の設備等になります。

また、この制度の適用を受けようとする場合には、租税特別措置の適用状況の透明化等に関する法律３条１項に規定する、法人税関係特別措置について記載した

【図表 2-18　事業継続力強化計画認定と申告の流れ】

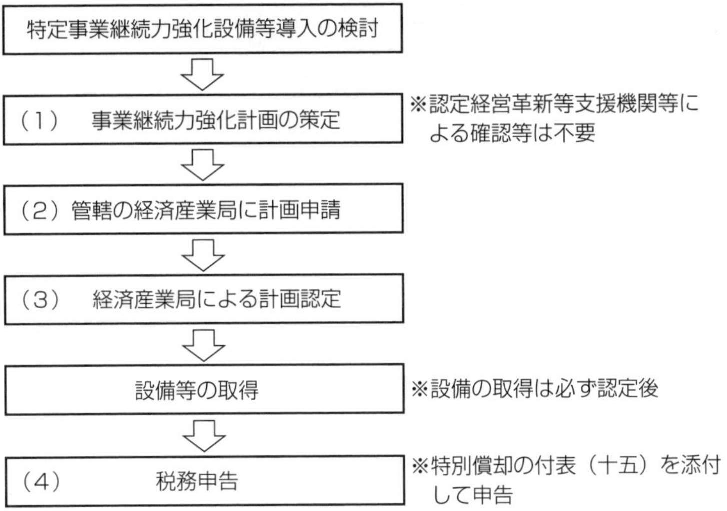

「適用額明細書」をその法人税の申告書に添付して提出する必要があります。

(1) 事業継続力強化計画の策定

この制度における特別償却の適用を受けるためには、経済産業大臣（経済産業局）から事業継続力強化計画の認定を受けることが要件となっています。

事業継続力強化計画とは、中小企業者等が自社の災害リスクを認識し、防災・減災対策の第一歩として取り組むために必要な項目を盛り込んだもので、将来的に行う災害対策を記載するものになります。具体的には、**【図表 2-19】**の５つのステップを通じて申請書を作成します。

なお、当計画では、感染症対策への対応についても策定することができますが、本書では、自然災害等に対する設備投資を行うことを目的に策定する場合について確認していきます。

これらを踏まえたうえで、具体的に事業継続力強化計画を策定していきますが、事業継続力強化計画のフォームとその記載事項、そして各項目における留意点は、次のとおりです。

【図表2-19　申請に向けた検討ステップ】

STEP1：　事業継続力強化の目的の検討

→「何のためにこの取組みを行うのか」
・被災した場合の行動の意思表明

STEP2：　災害等のリスクの確認・認識

→「自然災害がどのような影響を及ぼすのか」
・ハザードマップ等からの立地による災害リスク等の把握
・災害によるヒト、モノ、カネ、情報への影響

STEP3：　初動対応の検討

→「災害等の発生直後に対応すべきことは何か」
・人命の安全確保
・非常時の緊急時体制の構築
・被害状況の把握、被害情報の共有

STEP4：ヒト、モノ、カネ、情報への対応

→「STEP2の影響に対しどのような対策を講ずるべきか」
・人員体制の整備（ヒト）
・設備、機器及び装置の導入（モノ）
・資金の調達手段の確保（カネ）
・重要情報の確保（情報）

STEP5：　平時の推進体制

→「災害発生時の実効性は確保されているか」
・推進体制の構築
・訓練、教育の実施
・計画の見直し

BCP等を策定済みの場合は該当部分を転記

既に事業継続計画（BCP）等を作成している場合には、該当箇所はこれを転記することで事業継続力強化計画を策定していくことができます。あくまでも転記であって記載そのものが省略できるわけではありません。

また、転記したBCP等の該当するページ番号も記載し、事業継続力強化計画の認定申請に当たっては、参考書類としてBCPの該当部分を添付します。

事業継続力強化計画

1　名称等

事業者の氏名又は名称《フリガナ》　有限会社《ユウゲンガイシャ》K《ケイ》

代表者の役職名及び氏名　代表取締役　W

資本金又は出資の額　300万円　　常時使用する従業員の数　12人

業種　飲食料品小売業

法人番号　9876543210987　　設立年月日　19△△年△△月△△日

2　事業継続力強化の目標

自社の事業活動の概要	当社は、地域に密着した惣菜店として、食材にこだわった手づくり弁当や惣菜を販売しており、災害等から早期復旧が見込めない場合、地元住民の食生活に不便さが生じる恐れがある。
事業継続力強化に取り組む目的	以下の3点を目的に、事業継続力強化に取り組む。 1. 自然災害発生時において、人命を最優先とし、従業員及びその家族の安全と生活を守る。 2. 地域社会の安全に貢献する。 3. 災害後、被災者に対し炊き出しなどによって食材を提供し、地域住民の食に対する不安感を払拭する。
事業活動に影響を与える自然災害等の想定	当社の事業拠点である店舗は○○県××市に所在し、震度6弱の地震発生が想定されている。また、大型台風によって▽▽川が氾濫すれば0.5mから3.0mの浸水が予測されている地域でもある（××市ハザードマップ参照）。 近年の近隣県での豪雨災害の状況から、今後当社への水災が想定される。
自然災害等の発生が事業活動に与える影響	想定する自然災害等の中で、事業活動に与える影響が最も大きいのは、豪雨による水災であり、その被害は下記のとおり想定される。 （人員に関する影響） 　営業時間中に被災した場合、公共交通機関が停止すれば、従業員の帰宅が困難となる。また、発災が夜間、休日の場合でも翌営業日に従業員の出勤が困難となる。 （建物・設備に関する影響） 　大雨による店舗内への浸水や土砂の流入により、冷蔵庫やガス機器、調理器具などに被害が生じると、衛生上の観点から

	も営業活動の全部の停止が想定される。 (資金繰りに関する影響) 浸水等によって電気・ガス機器等が故障すると、有事の状況では取替えや修理に時間を要し、食材の仕入れやライフラインが復旧しても短期間での営業再開が見込めず運転資金が逼迫する恐れがある。また、新規取替設備等の購入にも資金が必要となり、円滑な資金調達が実現しなければ復旧が困難となる。 (情報に関する影響) 取引の大部分が現金取引であり、顧客情報等のデータの喪失などによる影響はない。 (その他の影響) 業務用食材は冷凍調理食品のものもあるが、野菜などは地元の食材にこだわり仕入れを行っているため、水災による同時被災が懸念される。

3　事業継続力強化の内容

(1)　自然災害等が発生した場合における対応手順

項目		初動対応の内容	発災後の対応時期	事前対策の内容
1	人命の安全確保	従業員の避難方法	発災直後	・マイタイムラインの作成 ・指定緊急避難場所である××小学校までの経路確認
		従業員の安否確認方法	発災直後	・SNSを中心に従業員の連絡先リストを作成
		顧客への対応方法	発災直後	・高齢者の買い物客への避難誘導手順の作成
2	非常時の緊急時体制の構築	社長を中心とした対策本部の立ち上げ	発災後1時間以内	・災害対策本部の体制を整備
3	被害状況の把握 被害情報の共有	被災状況からの営業再開の目途を確認 第一報を地元商店街の組合長に報告	発災後12時間以内	・店舗の被災状況を確認し、全従業員に営業再開に向けた段取りと計画を報告するための手順を整理 ・復旧の見通しに関する報告責任者及び選択可能な報告手段を策定
4	その他の取組	—	—	—

(2) 事業継続力強化に資する対策及び取組

A	自然災害等が発生した場合における人員体制の整備	＜現在の取組＞ ・現在、具体的な対策は行っていない。 ＜今後の計画＞ ・各持ち場の担当者がフルに参集できない可能性があるため、平時において各持ち場責任者がすべての持ち場を経験し、責任者同士でレシピを共有できるようにする。
B	事業継続力強化に資する設備、機器及び装置の導入	＜現在の取組＞ ・現在、具体的な対策は行っていない。 ＜今後の計画＞ ・災害として水害が想定されることから、調理用機器等を保護するため、最初に水が流れ込むことが予想される店舗入口に止水板を設置する。
C	事業活動を継続するための資金の調達手段の確保	＜現在の取組＞ ・店舗の建物に対する火災保険に加入している。 ＜今後の計画＞ ・台風などの風災や洪水などの発生により、建物だけではなく、設備や食材に損害を受けた場合に補償される店舗総合保険に加入する。
D	事業活動を継続するための重要情報の保護	＜現在の取組＞ ・現在、具体的な対策は行っていない。 ＜今後の計画＞ ・財務会計データについて、随時会計事務所と共有化できるソフトを導入する。

(3) 事業継続力強化設備等の種類

	(2) の項目	取得年月	設備等の名称／型式	所在地
1	B	×3.7	止水板／WG-120	○○県××市
2				
3				

	設備等の種類	単価（千円）	数量	金額（千円）
1	建物附属設備	1,200	1	1,200
2				
3				

確認項目	チェック欄
上記設備は、建築基準法(昭和二十五年法律第二百一号)及び消防法（昭和二十三年法律第百八十六号）上設置が義務づけられた設備ではありません。	✓

(4) 事業継続力強化の実施に協力する者の名称及び住所並びにその代表者の氏名並びにその協力の内容

名称	
住所	
代表者の氏名	
協力の内容	

(5) 平時の推進体制の整備、訓練及び教育の実施その他の事業継続力強化の実効性を確保するための取組

・社長の指揮の下、年１回以上、計画の推進や避難経路の確認等を含めた訓練を実施することとし、訓練に合わせて、従業員全員への教育も実施する。
・年１回以上、社長及び持ち場責任者において計画の見直しを目的とした会議を実施する。
・月に１回程度、店舗周辺の排水路のゴミや落ち葉を取り除く清掃活動を実施する。

4　実施時期

令和×3年6月～×令和×6年5月

5　事業継続力強化を実施するために必要な資金の額及びその調達方法

実施事項	使途・用途	資金調達方法	金額（千円）
事前対策	止水板の導入費用の支払い	自己資金	1,200

6　その他

(1) 関係法令の遵守（必須）

確認項目	チェック欄
事業継続力強化の実施にあたり、私的独占の禁止及び公正取引の確保に関する法律（昭和二十二年法律第五十四号)、下請代金支払遅延等防止法（昭和三十一年法律第百二十号)、下請中小企業振興法（昭和四十五年法律第百四十五号）その他関係法令に抵触する内容は含みません。	✓

(2) その他事業継続力強化に資する取組（任意）

確認項目	チェック欄
レジリエンス認証制度（※１）に基づく認証を取得しています。	
ISO 22301 認証（※２）を取得しています。	
中小企業 BCP 策定運用指針に基づき BCP を策定しています。	

(※１) 国土強靱化に貢献する団体を認証する制度
(※２) 事業継続マネジメントシステム（BCMS）の国際規格

①「1　名称等」

個人事業主など資本金を有しない場合や、法人番号（13桁）が指定されていない場合には、これらの箇所への記載は不要です。

「常時使用する従業員の数」欄は、中小企業基本法上、労働基準法20条の規定に基づく「予め解雇の予告を必要とする者」を常時使用する従業員として規定していますので、パート、アルバイト、派遣社員、契約社員、非正規社員及び出向者については個別判断とされていますが、この条文を引用する趣旨からすれば、通常、これらの者も常時使用する従業員としてカウントされることになります。なお、役員は従業員には含まれません。

「業種」欄は、日本標準産業分類の中分類の名称を記載します。

②「2　事業継続力強化の目標」

「自社の事業活動の概要」欄は、どのような事業を営んでいるのかを簡潔に記載し、合わせて自社の事業活動が生産活動や地域経済において担う役割を記載します。この記載がない場合には、計画書に不備があるものとして認定の対象外となります。

「事業継続力強化に取り組む目的」欄は、被災した場合の生産活動や地域経済への影響、従業員に対する責務などについて具体的に記載します。

「事業活動に影響を与える自然災害等の想定」欄は、事業活動に甚大な影響を与える自然災害等を1つ以上想定します。ここでは全ての自然災害等を網羅する必要はありません。地域のハザードマップや地震ハザードステーション（J-SHIS）等から、予想震度や津波の高さ、浸水の高さ等の予想値を具体的に記載します。

「自然災害等の発生が事業活動に与える影響」欄は、最も大きな被害が想定される自然災害を対象として、ヒト・モノ・カネ・情報・その他（インフラ障害や取引先の被災等による間接被害等）の5つの項目から、事業活動にどのような影響を及ぼすのかを検討します。影響がほとんどない項目については、業態や規模、所在地域の特性などの背景を理由に影響を受けない旨を記載します。

自然災害（事象）に対する自社の弱点（脆弱性）を検討する

「自然災害等の発生が事業活動に与える影響」については、例えば以下のように事象に対する自社の脆弱性を考慮したうえで、これによる影響を検討します。脆弱性はヒト・モノ・カネ・情報のいずれかの観点から検討します。

事象：地震により大きな揺れに見舞われる

脆弱性：翌日以降、業務スキルを有した出勤可能な工員が限られている

影響：サプライチェーンが寸断し、生産活動が停止する

③ 「3　事業継続力強化の内容
　(1) 自然災害等が発生した場合における対応手順」

「人命の安全確保」欄は、初動の対応として従業員の避難方法、従業員の安否確認方法、生産設備の緊急停止方法及び顧客への対応方法の4つに区分されています。そのうち、従業員の避難方法と従業員の安否確認方法については必ず記載する必要があります。

その他、災害発生時の対応手順の項目として「非常時の緊急時体制の構築」欄、「被害状況の把握 被害情報の共有」欄及び「その他の取組」欄が設けられていますが、そのうち「非常時の緊急時体制の構築」欄及び「被害状況の把握 被害情報の共有」欄は必ず記載する必要があります

人命確保に向けて優先的に取り組むべき推奨事例

中小企業庁が作成する「事業継続力強化計画策定の手引き」では、具体的な対策事例として、以下の取組み例を推奨項目として掲げています。

＜従業員の避難方法＞

・自然災害に備え、社内の○○や社外の△△を避難場所・安全エリアとする。
　※社内の第一工場、地域の公民館

・従業員、来訪者に対する避難誘導手順を作成する。

・従業員を対象に、○○により、避難経路・避難場所を周知する。
　※朝礼、ポスター、訓練等

＜従業員の安否確認方法＞

・安否確認に向け、従業員の連絡先リスト（電話番号、メール、SNS等）を作成する。

＜生産設備の緊急停止方法＞

・生産設備の緊急停止手順をあらかじめ確認する。

・従業員に対して停止手順を周知する。

＜顧客への対応方法＞

・顧客の避難経路、避難場所を設定する。
　また、自社社員による避難誘導の手順を検討する。

緊急体制や被害への対応に向けて優先的に取り組むべき推奨事例

同様に、以下の取組み例を推奨事項として掲げています。

＜非常時の緊急時体制の構築＞

・災害対策本部の構成要員、班の役割を定める。

・災害対策本部の設置基準を決定する。
　※○○地区にて、
　　(1) 震度○以上の地震が発生した場合
　　(2) 大規模な水害の危険性が予測され災害対策本部長が必要と認めたとき
　　(3) 気象庁より特別警報が出されたとき　など

＜被害状況の把握　被害情報の共有＞

・どの事業所の被害状況について、誰がどのような情報を把握し、把握した情報をいつまでに、社内の誰に伝えるのか、あらかじめ取り決める

・主要な顧客、取引業者の連絡リストを作成する

④ 「3　事業継続力強化の内容　(2) 事業継続力強化に資する対策及び取組」

「事業継続力強化に資する対策及び取組」欄は、事業活動に重大な影響を与える可能性の高い経営資源（A ヒト・B モノ・C カネ・D 情報）のうち、自社の事業継続上必要な項目や対策が十分ではない事項について、どのような対策を講じることが特に有効的であるかという観点で検討します。

A～D 欄のうち１つ以上は必ず記載すること

A～D 欄の経営資源のうち自然災害等の影響がないものについては記載する必要はありませんが、必ず１つ以上は記載する必要があります。また、各欄には＜現在

の取組＞と＜今後の計画＞を記載しますが、現時点で特に対策を行っていない場合でも、その旨を記載します。

税制優遇の適用にはB欄の記載が必要

この制度における税制上の優遇措置を受けるためには、どのような目的で、具体的にどのような設備を導入するのかを「B 事業継続力強化に資する設備、機器及び装置の導入」欄に明記します。

設備の内容は、次項「3 (3) 事業継続力強化設備等の種類」や、「5 事業継続力強化を実施するために必要な資金の額及びその調達方法」に記載する使途や資金調達方法と整合させる必要があります。

⑤「3　事業継続力強化の内容　(3) 事業継続力強化設備等の種類」

この制度における税制上の優遇措置を受けるため、導入する特定事業継続力強化設備等の詳細を記載します。型式が不明な場合にはカタログや仕様書等を添付します。「設備等の種類」欄は、税理士等の判断を受け、機械装置、器具備品又は建物附属設備のいずれかを記載します。「所在地」欄は設備の設置場所を記載します。

また、特定事業継続力強化設備等からは、消防法や建築基準法に基づき設置が義務付けられている設備等は除外されているため、これらに該当しないことを確認し、「チェック欄」にチェックを記します。

⑥「3　事業継続力強化の内容
(4) 事業継続力強化の実施に協力する者の名称等」

この欄は、事業継続力強化を進めるに当たって、特定中小企業者等を取り巻く関係者（親事業者や政府関係金融機関等）による働きかけや支援を受ける場合に記載します。このような事業者や団体がない場合は、記入は不要です。

⑦「3　事業継続力強化の内容
(5) 平時の推進体制の整備等事業継続力強化の実効性を確保するための取組」

事業継続力強化に当たっては、単に計画の策定だけではなく、自然災害等の発生時における実効性が求められます。ここでは、災害発生時における実効性の確保するための平時の取組みについて記載します。

実効性確保のための絶対的記載事項に注意

以下の点については、自社の取組みを検討し、必ず記載する必要があります。

・平時の取組推進について、経営層の指揮の下実施する体制を整える。

・年１回以上、訓練や教育を実施する体制を整える。

・年１回以上、事業継続に向けた取組み内容の見直しを計画する。

※特に、年１回以上の訓練と計画の見直しについては記載が必要です。

⑧「4　実施時期」

本計画の実施期間を記載しますが、取組みの期間は必ず３年以内となります。また、開始時期は本申請書の申請日以降の年月からとします。

⑨「5　事業継続力強化を実施するために必要な資金の額及びその調達方法」

事業継続力強化への対策に必要な資金の額とその調達方法を記載します。特に税制上の優遇措置を受ける場合には必ず記載が必要です。

「使途・用途」欄は、資金の使途について簡潔に記載します。また、「資金調達方法」欄は、特定事業継続力強化設備等の導入等を確実に遂行するために必要な資金の額を検討したうえで、その調達方法を記載します。

(2) 管轄の経済産業局に計画申請

次に、策定した事業継続力強化計画につきその認定を受けるため、計画を策定した特定中小企業者等の主たる事務所の所在地を管轄する各経済産業局長宛に必要書類を提出します。申請は電子による手続きも可能となっていますが、紙による申請（郵送）も受け付けています。確認の提出に当たっては、申請書（原本）の他、提出前の事前確認のためのチェックシートを添付します。また、BCPを策定済みである場合など、事業継続の取組みが既にある場合には、その取組みが分かる書類を参考として添付します。

(3) 経済産業大臣による計画認定

申請から認定までは、申請時期にもよりますが、おおよそ45日程度を要します。認定を受けた場合、各経済産業局等から認定通知書と計画申請書の写しが交付されます。

設備の取得等の時期に注意

この制度における税制上の優遇措置を受けるためには、設備等の取得等は計画の認定後である必要があり、この流れに例外はありません。そのため、設備の取得等のタイミングを含め、スケジュールには十分に留意する必要があります。

(4) 税務申告

この制度での税制上の優遇措置は特別償却のみとなっています。特別償却の適用に当たっては、損金経理要件のほか、確定申告書等(※)に特定事業継続力強化設備等の償却限度額の計算に関する明細書を添付し提出することがその適用要件となっています（措法44の2③）。具体的には、普通償却限度額の計算に係る減価償却資産の償却額の計算に関する計算書（別表十六（一）又は別表十六（二））と「特定事業継続力強化設備等の特別償却の償却限度額の計算に関する付表」（特別償却の付表（十五））を添付して申告する必要があります。

なお、この制度の適用を受けるために認定を受けた事業継続力強化計画に係る認定書や計画申請書の写し等の書類の添付は不要です。

（※）確定申告書等とは中間申告書及び確定申告書をいいます（措法2②二十七）。

準備金方式による特別償却の場合の添付書類

この制度は、特別償却の適用を受けることに代えて、損金経理による特別償却準備金の積み立て、又はその事業年度の決算確定の日までに剰余金の処分による特別償却準備金の積み立てによる損金算入も認められています（措法52の3）。

準備金方式を採用する場合には、「特別償却準備金の損金算入に関する明細書」（別表十六（九））とともに、上記の特別償却と同様に特別償却の付表（十五）を確定申告書等に添付して申告します。

4 生産性向上特別措置法による固定資産税の特例

ここまでの1から3は国税における中小企業向け投資促進税制になりますが、ここでは地方税における中小企業者等に限定した設備投資に関する特例について確認します。この制度は、もともと平成30年度から令和2年度までの期間を「生産性革命・集中投資期間」として位置付け、平成30年6月に施行された「生産性向上特別措置法」に基づき、中小企業の生産性革命を実現するための臨時・異例の措置として、償却資産に係る固定資産税を3年間にわたり最大でゼロにする制度として創設されました。

その後、新型コロナウイルス感染症の影響を受けつつも、新規に設備投資を行う中小企業者等を支援する観点から、その適用期限を2年間延長するとともに、対象設備に一定の事業用家屋と構築物が追加されました。

1 制度の概要

「生産性向上特別措置法による固定資産税の特例」（以下、「固定資産税の特例」といいます）は、各市区町村における導入促進基本計画に基づき策定された先端設備等導入計画の認定を受けた中小企業者等が、平成30年6月6日から令和5年3月31日までに、一定の設備等（以下、「先端設備等」といいます）を取得し、これをその中小企業者等の労働生産性の向上に必要な生産、販売活動等の用に直接供されるものについては、これに係る固定資産税の課税標準を、設備投資後3年分に限り、各市町村の条例に定める割合によって、ゼロから2分の1の範囲内で軽減する措置となっています（地法附15㊶、62）。

他の優遇税制との重複適用の可否

同じ償却資産で2以上の固定資産税の特例措置の適用を受けることはできません。なお、国税における特別償却や税額控除に係る優遇措置とは重複して適用を受けることができます。

適用要件等は各市町村によって異なるため注意

各市区町村では、国が定める「導入促進指針」に沿って独自の「導入促進基本計画」を策定し、経済産業大臣の同意を得たうえでこれを公表しています。

各市区町村においては、導入促進基本計画の策定は任意となっているため、この制度の適用を受けることができない自治体もあります。また、導入促進基本計画は、各市区町村の地域の状況や特色などによって、先端設備等の種類や認定の対象となる業種、地域等を限定することが認められており、固定資産税の軽減割合も含め、各市区町村によってその内容は異なる場合があります。そのため、先端設備等導入計画を策定する中小企業者等は、先端設備等を導入する各市区町村が策定した導入促進基本計画を事前に確認しておく必要があります。

2　適用要件

この制度の適用を受けることができる対象法人は、各市区町村が策定する導入促進基本計画に適合し、かつ、年平均３％以上の労働生産性の向上を見込む「先端設備等導入計画」の認定を受けた中小企業者等（措置法上の「中小企業者等」と同義です）となります。なお、その法人が中小企業者等に該当するかどうかは、課税の基準日である１月１日現在において判定します。

固定資産税の特例が適用される先端設備等に該当する適用対象資産は、中古ではなく新品であること、またこれを生産、販売活動等の用に直接供しているものであることのほか、次の**【図表 2-20】**のとおり各資産に応じ取得価額基準その他一定の要件が設けられています。なお、これらの設備等が特例の対象となるかどうかは、各市区町村によって異なるため、事前に確認が必要です。

また、先端設備等とは、上記**【図表 2-20】**に掲げる要件及び販売開始期間を満たす対象設備のうち、旧モデル比で生産性の向上に資するものの指標（生産効率、エネルギー効率、精度等）が年平均１％以上向上するものをいいますが、比較すべき旧モデルがない新製品については、比較する指標がないため**【図表 2-20】**に掲げる要件だけで判定します。なお、取得する設備等の販売開始の時期や生産性の向上の

【図表 2-20　適用対象資産と各資産の適用要件】

対象設備	用途等	適用要件	販売開始期間
機械及び装置	全て	1台又は1基の取得価額が160万円以上のもの	10年以内
工具	測定工具及び検査工具	1台又は1基の取得価額が30万円以上のもの	5年以内
器具及び備品	全て	1台又は1基の取得価額が30万円以上のもの	6年以内
建物附属設備	全て	一の取得価額が60万円以上のもの	14年以内
建物	事業用家屋	一の取得価額が120万円以上のもの	新築
構築物	全て	一の取得価額が120万円以上のもの	14年以内

確認は、工業会等から証明書を取得して確認する必要があります。証明書の発行に当たっては設備メーカー等が工業会等にその発行申請を行います。

取得する適用対象資産のモデル要件

この特例における適用対象資産は販売開始期間が要件とされています。そのモデルは一定の期間内に販売されたモデルであることで足り、必ずしも最新モデルである必要はありません。

修繕費や資本的支出は対象外

設備の修繕等は適用対象外となります。また、資本的支出についてもこの制度における「取得」には該当しないため、同様に適用対象外です。但し、資本的支出の内容が、例えば、単独資産としての機能の付加である場合など、実質的に新たな資産の取得と認められる場合には、この制度の適用を受けることができます。

補助金を受けた場合の取得価額の判定

固定資産税の計算においては、その取得価額について圧縮記帳の定めはありません。そのため、先端設備等につき補助金等を受けた場合であっても、その補助金相当額を差し引かない金額が取得価額となり、これをもって取得価額基準を判定します。

リースによる取得

この特例の適用対象資産の取得には、購入だけではなく、ファイナンスリース取引によって取得した場合も含まれますが、オペレーティングリースについては適用対象外となります。

(1) 機械及び装置の適用要件

機械及び装置は、用途等の範囲に制限はなく、1台又は1基（通常1組又は1式をもって取引の単位とされるものについては、その1組又は1式）の取得価額が160万円以上のもので（地令附11㊵一）、その設備の型式区分に係る販売開始日から中小企業者等がこれを導入した日までの期間（以下、「販売開始期間」といいます）が10年以内のものに限ります（経産関係生産性向上特措法規1②二）。

機械及び装置又は後述する（2）「工具」、（3）「器具及び備品」の適用要件となっている取得価額の金額判定の単位とされる「1台又は1基」については、通常一単位として取引される単位ごとに判定しますが、本体部分と同時に設置される附属機器で、その本体と一体となって使用するものがある場合には、これらの附属機器を含めて金額判定を行うことができます。

(2) 工具（測定工具及び検査工具）の適用要件

工具については、測定工具又は検査工具（電気又は電子を利用するものを含む）に限定され（経産関係生産性向上特措法規1①）、その1台又は1基の取得価額が30万円以上のもので（地令附11㊵二）、販売開始期間が5年以内のものに限ります（経産関係生産性向上特措法規1②二）。

(3) 器具及び備品の適用要件

器具及び備品については、用途等の範囲に制限はなく、1台又は1基の取得価額が30万円以上のもので（地令附11㊵三）、販売開始期間が6年以内のものに限ります（経産関係生産性向上特措法規1②二）。

(4) 建物附属設備の適用要件

建物附属設備についても、原則として用途等の範囲に制限はなく、一の取得価額が60万円以上のもので（地令附11㊵四）、販売開始期間が14年以内のものに限ります（経産関係生産性向上特措法規1②二）。但し、償却資産として課税されるものに限り、家屋と一体となって効用を果たすものとして評価されるものは除かれます。

(5) 建物（事業用家屋）の適用要件

建物については、事業用家屋のうち、一の取得価額が120万円以上のもので（地令附39①一）、その建設後に事業の用に供されたことのないものに限ります（経産関係生産性向上特措法規1③一）。また、この事業用家屋は、その内外に取得価額の合計が300万円以上の先端設備等を稼働させるために取得されたものであることも要件とされています（経産関係生産性向上特措法規1③二）。なお、居住用家屋と一体になっている事業用の事務所等については、事業専用割合に応じた部分が対象となります。

(6) 構築物の適用要件

構築物については、用途等の範囲に制限はなく、一の取得価額が120万円以上のもので（地令附39①二）、販売開始期間が14年以内のものに限ります（経産関係生産性向上特措法規1②二）。

取得の日に注意

この制度における取得とは、先端設備等の所有権を得たこと、つまり先端設備等を購入したことをいいます。例えば、検収が終わっていない場合には引き渡しが完了していないため、通常、取得の状態にあるとはいえません。

3 適用のための諸手続き

この制度による固定資産税の特例の適用を受けるためには、先端設備等導入計画の認定を受ける必要がありますが、申請には、先端設備等導入計画とこれに係る認定申請書、認定経営革新等支援機関による事前確認書、工業会等証等明書（写し）などを添付して申請します。申請先は、新たに導入する先端設備等が所在する市区町村になるため、申請書類は各市区町村の申請案内をしっかりと確認する必要があります。税務申告までの流れについては、下記**【図表 2-21】**のとおりとなります。

固定資産税の特例による税制支援を受けるための要件の１つとして、取得する設備等に対し工業会等からの証明書の交付を受ける必要があります。先端設備等導入計画を申請するタイミングで証明書を添付できるように事前に手配しておくと税務申告までスムーズに進むことになるでしょう。

【図表 2-21　先端設備等導入計画認定と申告の流れ】

先端設備等導入の検討

↓

工業会等による証明書を入手

※設備メーカー等において、設備等が要件を満たしていることを確認し、メーカー側で工業会等に対して証明書の発行を申請

↓

（1）　先端設備等導入計画を策定

↓

（2）　認定経営革新等支援機関に事前確認

↓

事前確認書の発行

↓

（3）　市区町村に計画申請

※各市区町村によって添付書類が異なるため、申請先の申請案内をしっかり確認

〈添付書類〉

申請書及び先端設備等導入計画
認定経営革新等支援機関の事前確認書
工業会等証明書の写し　等

↓

（4）　市区町村による計画認定

↓　→　必ず認定後に設備を取得

（5）　税務申告

〈添付書類〉

・固定資産税特例適用届出書
（各自治体により名称は異なります）
・認定を受けた先端設備等導入計画の写し
・先端設備等導入計画に係る認定書の写し
・工業会等による証明書の写し　等

工業会等証明書が事後提出となる場合

先端設備等導入計画を策定し、申請するまでに工業会等からの証明書を準備ができない場合もあるかもしれません。その場合には、「先端設備等に係る誓約書」と後日入手した工業会等証明書を併せて提出することで、事後提出も認められます。但し、追加での提出は、償却資産税の賦課日である翌年1月1日までが期日となります。

工業会等証明書はA類型との併用可

工業会等証明書は、2中小企業経営強化税制におけるA類型による優遇措置の適用を受ける場合にも必要となりますが、この証明書は、先端設備等導入計画の認定の際の書類としても併用することができます。但し、設備の種類や業種によっては、どちらかの制度では対象にならない場合もあるため、工業会等に事前に確認しておく必要があります。

(1) 先端設備等導入計画の策定

この制度における固定資産税の特例措置の適用を受けるためには、新たに導入する設備等が所在する市区町村が策定した「導入促進基本計画」の内容に沿った先端設備等導入計画の認定をその市区町村から受ける必要があります。

工業会等証明書の交付を依頼するタイミングで策定することになる「先端設備等導入計画」のフォームとその記載事項、そして各項目における留意点は、次のとおりです。

先端設備等導入計画

1　名称等

1	事業者の氏名又は名称	E株式会社
2	代表者名（事業者が法人の場合）	代表取締役　X
3	法人番号	123456789123
4	資本金又は出資の額	2,000万円
5	常時使用する従業員の数	36人
6	主たる業種	プラスチック製品製造業

2　計画期間

令和×3年9月　～　令和×6年8月

3　現状認識

①自社の事業概要
当社は、板状のプラスチック材料を加熱・軟化させ、金型に真空吸引する真空成形によりプラスチック製品の加工製造を行う。

②自社の経営状況
売上高は、令和×2年度は○○百万円、令和×3年度は△△百万円と減少し、営業利益も令和×2年度は◇◇千円、令和×3年度□□千円と減少してはいるものの、売上総利益は令和×2年度は××%、令和×3年度は▽▽%と上昇しており、各拠点における製造ラインの効率化が進んでいるものと考えられる。今後は、材料費の高騰に伴う製品単価の見直しや、さらなる小ロットの発注にも応じ新規顧客の開拓による売上高の増加と、作業効率化による粗利益率の向上を目指したい。

4　先端設備等導入の内容

(1)　事業の内容及び実施時期

①具体的な取組内容
今年度に入り、プラスチックに加工を施す真空成形機の老朽化が進んでいるため、新型のものに取り替えることで生産力のアップを図る。

②将来の展望
設備の更新により、真空成形機にある上下のヒーターがモーター駆動となることで成形のタイミングがとりやすく、また設備がコンパクト化されたことで作業効率がアップするとともに、少量多品目の量産にも適しており、生産性の向上を図る。

(2)　先端設備等の導入による労働生産性向上の目標

現状 (A)	計画終了時の目標 (B)	伸び率 (B－A)／A
5,600千円	6,125千円	9.3%

(3)　先端設備等の種類及び導入時期

＜建物以外＞

	設備等名／型式	導入時期	所在地
1	真空成形機／ABC-123-DF型	令和×3年　10月	○○県××市
2		年　　月	
3		年　　月	
4		年　　月	
5		年　　月	

	設備等の種類	単価 （千円）	数量	金額 （千円）	証明書等の 文書番号
1	機械装置	3,000	1	3,000	9876543
2					
3					
4					
5					

	設備等の種類	数量	金額（千円）
設備等の種類別小計	機械装置	1	3,000
合計		1	3,000

＜建物＞

	導入時期	所在地	金額（千円）
1	年　月		
2	年　月		
3	年　月		
4	年　月		
5	年　月		
合計			

5　先端設備等導入に必要な資金の額及びその調達方法

使途・用途	資金調達方法	金額（千円）
先端設備等購入資金	自己資金	3,000

①「1　名称等」

個人事業主など資本金を有しない場合や、法人番号（13 桁）が指定されていない場合には、これらの箇所への記載は不要です。

「常時使用する従業員の数」欄は、中小企業基本法上、労働基準法 20 条の規定に基づく「予め解雇の予告を必要とする者」を常時使用する従業員として規定していますので、パート、アルバイト、派遣社員、契約社員、非正規社員及び出向者については個別判断とされていますが、この条文を引用する趣旨からすれば、通常、これらも者も常時使用する従業員としてカウントされることになります。なお、役員は従業員には含まれません。

「主たる業種」欄は、日本標準産業分類の中分類の名称を記載します。複数事業を行っている場合は、売上高や従業員数など最も多くの割合を占める事業とします。

② 「2　計画期間」

計画期間は実施時期として、計画開始の月から起算して、3年（36か月)、4年(48か月)、5年（60か月）のいずれかの期間を設定して記載します。例えば、計画期間が37か月といったような年単位に端数が生じないようにします。

③ 「3　現状認識」

「自社の事業概要」欄は、自社の事業等の全体について簡潔に記載します。複数の事業を行っている場合には、それぞれその内容を記載します。

「自社の経営状況」欄は、経営の現状について、過去2年度の決算数値による売上高や粗利益、営業利益や粗利益率などの推移に基づいた経営分析を行います。また、自社の強みとして発注数量の徹底管理や短期納品などの非価格競争による他社との差別化等を記載するほか、システム化への対応不足などといった現時点での自社の課題を掲げることで自己分析を行い、その改善策などを記載します。

④ 「4　先端設備等導入の内容　(1) 事業の内容及び実施時期」

「具体的な取組内容」欄は、新たな先端設備等の導入がどのように自社の労働生産性の向上に資するのかについて計画を策定することになります。その際、設備投資等の導入を計画するに至った経緯や先端設備等の名称、導入台数などを記載すると、より具体的な内容となります。また、取組みを行う業種についても併せて記載しておきます。

「将来の展望」欄は、先端設備等の導入による労働生産性の向上が期待されますが、その導入による具体的な効果について記載します。なお、先端設備等の導入による人員削減の計画は、先端設備等の導入に関する指針に定める雇用への配慮の観点からは認められません。また、公序良俗に反する取組みについても認められないため、記載の内容や表現には十分注意する必要があります。

⑤「4　先端設備等の内容　(2) 先端設備等の導入による労働生産性向上の目標」

先端設備等導入計画では労働生産性の向上を目標とし、計画期間において基準年度比で労働生産性が年平均３％以上向上することを要件としています。つまり、先端設備等導入計画の計画期間が３年（36か月）の場合、計画終了時においては労働生産性が９％以上（年平均３％以上×３年）向上している必要があります。また、4年（48か月）では12％、5年（60か月）では15％ということになります。なお、その指標となる労働生産性は、下記の算式により算定します。

$$労働生産性=\frac{営業利益、人件費及び減価償却費の合計}{労働投入量（労働者数又は労働者数に1人当たりの年間就業時間を乗じたもの）}$$

営業利益と営業外利益との区分に注意

「営業利益」には、定款に定める目的以外の事業から生み出される「営業外利益」に相当する部分は含まれません。つまり、先端設備等の導入によって営業外利益が増大しても、これらは労働生産性の計算上は加味することはできません。

人件費の範囲

「人件費」は、労務費のほか販売費及び一般管理費に計上される人件費も含み、役員給与、賞与、福利厚生費等も含めることができますが、基準年度と計画終了時においては計算要素を同一にしておく必要があります。

算式中の分子の計算方法から、人件費は営業利益に加算されるため、例えば、雇用拡大によって人件費が増加する場合や、残業時間の縮小によって人件費が削減しても、分子の数値は変動することなく、労働生産性の数値には影響しないことになります。

減価償却費の範囲

「減価償却費」は、会計上の減価償却費が対象となり、製造原価や販売費及び一般管理費に計上される減価償却費の合計となります。

なお、税務上の即時償却や特別償却を予定している場合、計画終了時における労働生産性が正しく算定されないことになるため、計算上は各計画期間に配分されるよう留意する必要があります。

労働投入量の計算方法

算式の分母を構成する「労働投入量」は、労働者数又はこれに１人当たりの年間就業時間を乗じた数値となりますが、労働生産性は１人当たりの付加価値額を示すものになるため、労働者数は分子の人件費を構成する人員の数を基礎とするのが妥当といえるでしょう。

「現状（A)」欄には、原則として計画開始直前の決算数値により計算します。設立したばかりの中小企業者等については、月次決算数値によるなど、合理的な数値によって算定することになります。

「計画終了時の目標（B)」欄は、あくまでも目標数値になります。計画終了時にこれを達成できない場合であっても、計画が取り消されることはありません。

「伸び率（B－A）／A」欄は、計画期間を終了した時点でのその期間内の伸び率の合計を記載します。例えば、年平均の伸び率が３％である場合、計画期間が３年であれば９％（年平均３％×３年）以上の数値が記載され、ここには単年度の伸び率の平均である３％を記載するわけではありません。

なお、労働生産性が設備投資計画単位で現状値と目標値の算定が可能な場合には、会社単位ではなく投資計画単位（部署単位等）で算定することもできます。

⑥ 「4　先端設備等の内容　(3) 先端設備等の種類及び導入時期」

ここでは、直接生産や販売又は役務の提供に供される予定の先端設備等の概要を記載します。先端設備等のうち、建物以外のものは＜建物以外＞以下の欄に、建物については＜建物＞以下の欄に、それぞれ記載します。

「導入時期」欄には、先端設備等の取得予定年月を記載します。先端設備等は必ず計画認定後に取得することが必須となっていますので、設備等の取得のタイミングには注意が必要です。「所在地」欄は、取得予定の先端設備等が設置される予定地として都道府県名・市区町村名を記載します。ここは、先端設備等導入計画の申請先と一致することになります。

<建物以外>以下の欄のうち、「設備等の種類」欄は、各市区町村の導入促進基本計画に合致する資産かどうかを判定するため、機械装置や器具備品などの減価償却資産の種類を記載します。どの種類の資産として計上するかは申請者の判断によることになりますが、中小企業者等が作成する固定資産台帳と一致している必要があるでしょう。「単価（千円）」欄には、通常一単位として取引される単位ごとの価額を記載します。法人税等において圧縮記帳を適用している場合であっても、固定資産税の課税上、圧縮記帳を定める規定はないため、補助金等を差し引く前の金額を単価とします。「証明書等の文書番号」欄の記載は、この制度における特例措置の適用を受ける場合には必須となり、ここには工業会等証明書に付された整理番号を記載することになります。但し、申請の時点で証明書が入手できていない場合にはこの欄は空欄となりますが、先で確認したとおり追加提出となる場合には、工業会等証明書とともに誓約書を添付して提出するなど、一定の手続きが必要となります。

⑦ 「5　先端設備等導入に必要な資金の額及びその調達方法」

ここには、先端設備等の取得のための資金の調達源泉を記載することになります。

「使途・用途」欄は、この制度の適用を受ける場合には、「先端設備等購入資金」となります。

「資金調達方法」欄は、通常、「自己資金」、「融資」その他「補助金」のいずれかの記載になります。なお、複数の調達方法による場合には、資金調達方法ごとに項目を分けて記載します。

(2) 認定経営革新等支援機関による事前確認

中小企業者等が策定した先端設備等導入計画につき、その先端設備等の設置を予定する市区町村の認定を受けるに当たっては、事前に認定経営革新等支援機関による確認を受け、その結果として、次のような確認書の交付を受ける必要があります。

認定支援機関確認書

令和×3年○○月○○日

E株式会社

代表取締役　X　殿

認定支援機関ID番号

1	2	3	4	5	6	7	8	9	0	1	2

住　　　所　○○県○○市○○一丁目1番1号

名　　　称　税理士法人▽▽

代表者役職　代表社員

代表者氏名　××　××　㊞

先端設備等導入計画に関する確認書

先端設備等導入計画の記載内容について、以下のとおり確認しました。

1. 認定経営革新等支援機関担当者名等

①認定経営革新等支援機関担当者名　□□　□□

②認定経営革新等支援機関電話番号　0××-234-5678

③認定経営革新等支援機関担当者メールアドレス　abc-de@fgh.com

2. 先端設備等導入計画の実施に対する所見

・先端設備等導入計画の期間　　3年間

項目（注）	所見
生産・販売活動等に直接つながる先端設備等を導入することにより、目標を達成しうるような労働生産性の向上が見込めるか。	1. 導入する先端設備等が生産・販売活動に直接供されているかについて 　新たな真空成形機の導入により、作業の効率化が期待でき、小ロットの発注にも低コスト・納期短縮が可能となることで顧客満足度の向上が期待できる。これにより受注量の増加による売上高の増加が見込めるとともに、人件費削減にも寄与することから労働生産性の向上が大いに見込める。 　よって、今設置される設備は、労働生産性の向上に資するものであり、生産・販売に直接供される設備である。 2. 先端設備等の導入の確実性について 　真空成形機の設置については見積業者との間で令和×3年10月までの納品を予定している。また、先端設備等は自己資金にて購入することが予算上において確定しているため、資金調達には問題はなく、導入の確実性は高い。 3. 労働生産性向上の目標達成見込について 　令和×3年3月期において、営業利益12,000千円、人件費180,000千円、減価償却費9,600千円、実労働者数36人、労働生産性5,600千円となっている。目標とする計画期間終了の3年後においては、新たな真空成形機の導入によって、新たな販路拡大と仕損品の減少、作業の効率化が実現することで売上高増加とコスト削減が見込めるため、営業利益22,500千円、人件費190,000千円、減価償却費8,000千円、実労働者数36人、労働生産性6,125千円となる。よって、3年間で労働生産性の向上率が9.375％となり、年平均3％以上向上することが確認された。 　売上高の増加や経費削減による営業利益の増加が想定されることから、当該計画は妥当であり、労働生産性向上の目標達成の見込は高い。 4. 確認にあたっての改善提案等 　当該計画について、改善提案等は行っていないが、売上高の増加やコスト削減によって、早期に投下資本の回収が可能となる見込みであり、今後のさらなる設備投資に備え、認定経営革新等支援機関としてE社の資金繰りに注視していきたい。

※　認定支援機関ID番号については、各経済産業局webサイトを参照のうえ記入ください。webサイトに記載がない場合は、認定を受けた各経済産業局にお問い合わせください。

※「事業者名」は、先端設備等導入計画を申請する中小企業者を記入してください。

※「代表者氏名」に記入する氏名は、本確認書を記載する認定支援機関の内部規定等により判断してください。

※「所見」は、導入する先端設備等が生産・販売活動等に直接利用されているか、先端設備等の導入によって労働生産性向上の目標の達成に寄与するかといった観点から内容を確認し、所見を記載してください。確認にあたり、事業内容や計画の記載内容に対する改善提案、アドバイスを行った場合は、その内容も記載してください。

① 「1．認定経営革新等支援機関担当者名等」

計画の内容や当確認書の交付に当たり、申請書を提出する市区町村からの問合せに対応するためにも、特に以下2．の所見の内容を説明できる担当者を記載しておく必要があるでしょう。担当者は、特に税理士等の有資格者等である必要はありません。

② 「2．先端設備等導入計画の実施に対する所見」

認定経営革新等支援機関には、先端設備等導入計画の確認を行ったことを証するため、事前確認書に所見を記載する必要があります。

所見には、導入する先端設備等が生産・販売活動に直接供される設備であるか、また申請者の経営状況から資金調達を含め投資計画は確実に実行されるか、そして先端設備等の導入によって労働生産性が年平均３％以上向上するか等について、具体的な数値を取り入れながら記載するとともに、申請者が策定した計画に対し改善案やアドバイス等を行った場合にはこれらも併せて記載します。

導入計画における認定経営革新等支援機関の役割

所見の記載方法については特段決まった形式はなく、またその内容は市区町村による審査の対象とはなっていません。しかし、認定経営革新等支援機関には、計画内容の確認に当たり専門的見地からの適正な判断が求められます。また、所見に反映させる必要はありませんが、その計画が申請先の市区町村が策定する「導入促進基本計画」に合致しているかどうかも確認しておく必要があるでしょう。

事業用家屋を申請する場合

先端設備等導入計画に事業用家屋を盛り込む場合には、以下の書類を認定経営革新等支援機関に提出し、その確認を受けなければなりません。

・家屋が盛り込まれた先端設備等導入計画案

　→先端設備等導入計画に新築予定の家屋が盛り込まれていることを確認。

・建築確認済証

　→新築の家屋であることを確認。

・家屋の見取り図

→先端設備等が設置される家屋であることを確認。

・先端設備等の購入契約書

→設置される先端設備等の取得価額が300万円以上であることを確認。

認定経営革新等支援機関はこれらの書類により、事業用家屋を含む先端設備等導入計画に記載のある先端設備等の導入によって労働生産性が年３％以上向上するか、事業用家屋の内外に300万円以上の先端設備等が設置されるか等を確認する必要があります。

(3) 市区町村への先端設備等導入計画の申請

次に、認定経営革新等支援機関の事前確認を受けた先端設備等導入計画に対し認定を受けるため、新たに導入する先端設備等が所在する市区町村に以下の書類を添付し認定申請をします。

なお、申請書類は、各市区町村によって異なりますので、提出先の申請案内を確認しておく必要があります。

・先端設備等導入計画に係る認定申請書
・先端設備等導入計画
・認定経営革新等支援機関による事前確認書
・工業会等証明書（写し）
・誓約書（上記、工業会等証明書が事後提出となる場合）
・その他、市区町村長が必要とする書類　等

市区町村長が必要とする書類（例）

先端設備等導入計画の認定申請に際しては、上記のほか、各市区町村において独自に必要書類の提出を定めている場合が多いといえます。例えば、先端設備等導入計画が「導入促進基本計画」に沿っているかどうかを自主点検するためのチェックシートや当市町村税に滞納がないことの証明書、その他各市区町村独自の誓約書や確約書などの書類の提出が求められる場合があります。また、先端設備等導入計画に事業用家屋が盛り込まれている場合には、上記、認定経営革新等支援機関に確認書類として提出した書類を添付する必要がある場合が多いといえます。計画の申請

に当たっては事前に添付すべき書類の確認が必要です。

(4) 市区町村による計画認定

申請から認定までは、各市区町村の事情にもよりますが、一定の期間を要することになります。先端設備等は計画認定後に取得する必要がありますが、申請書や添付書類に不備や不足、記載もれ等がある場合には、申請先の市区町村からの照会等によって認定までの期間が長引く場合もあるため、余裕をもったスケジュールで申請手続きを進める必要があります。

設備の取得の時期に注意

先端設備等は、必ず市区町村による先端設備等導入計画の認定後に取得しなければなりません。そのため、設備を既に取得した後に先端設備等導入計画の認定を受けることはできず、これについて例外は認められていません。この制度による特例措置の適用を受けようとする場合には、設備等の取得時期に十分に留意する必要があります。

なお、設備等の取得が近づいている場合、申請の際にその旨を伝えておくと市区町村によっては優先的に対応してくれるケースもあります。

(5) 税務申告

償却資産税は賦課日である1月1日に所有する償却資産に対し課税され、その申告期限は毎年1月31日です。この制度による特例措置の適用を受けるためには、その先端設備等が所在する市区町村に対する償却資産税の申告の際に、その申告書とともに工業会等証明書や市区町村からの認定書、そして認定を受けた先端設備等導入計画のそれぞれの写しを添付して提出します。事業用家屋についても同様です。

また、市区町村において添付すべき書類が異なりますので、各市区町村の申告要件を確認したうえで申告する必要があります。

なお、税務申告までの流れにつては、次頁**【図表 2-22】**のとおりです。

【図表 2-22　設備の取得時期による申請の流れ】

〈設備取得と計画認定の流れ〉

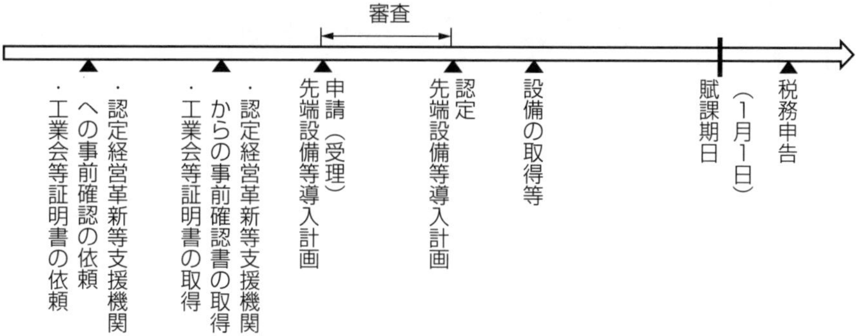

〈例外：工業会等証明書が申請までに間に合わない場合〉

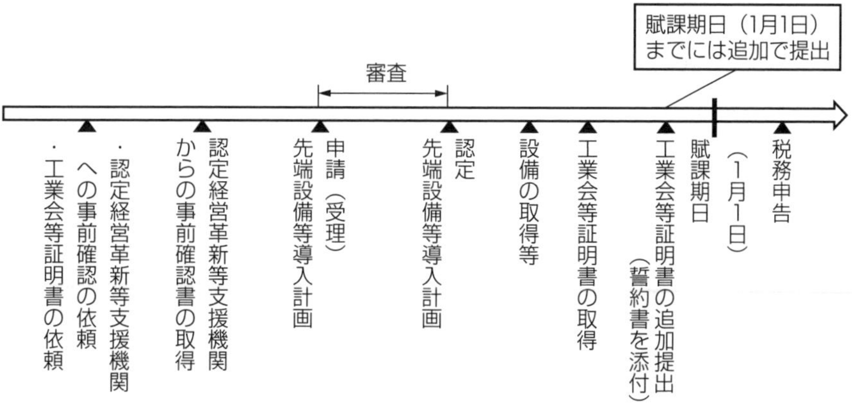

5　地域未来投資促進税制

ここまでは中小企業者等に向けた投資促進税制を確認してきましたが、ここからは中小企業者等に限らずに適用できる主な投資優遇税制についていくつか確認していきます。まずは、平成29年度税制改正によって創設された地域中核企業向け設備投資促進税制による地域経済牽引事業の促進区域内において特定事業用機械等を取得等した場合の特別償却又は税額控除制度（以下、「地域未来投資促進税制」といいます）について確認します。

この制度は、その地域の産業集積、観光資源、特産物、技術、人材、情報等などの強みを活かした地域活性化に貢献する先進的な事業について、工場や店舗、機械等を新設、増設した場合にその総投資額に対して特別償却又は税額控除を選択適用することができる制度となります。

1　制度の概要

地域未来投資促進税制は、青色申告書を提出する法人が、平成29年7月31日から令和5年3月31日までの期間に、一定の適用対象資産（以下、「特定事業用機械等」といいます）を取得又は製作若しくは建設（以下、「取得等」といいます）し、地域経済活性化に貢献するものとして認定された一定の事業計画に基づいてこれを事業の用に供した場合に、その事業の用に供した日の事業年度において、その取得価額の40％（上乗せ要件を満たす場合には50％）若しくは20％相当額の特別償却又はその取得価額の4％（上乗せ要件を満たす場合には5％）若しくは2％相当額の税額控除を選択適用することができます（措法42の11の2①）。なお、同一の資産について、この制度による特別償却と税額控除の重複適用はできません。

(1) 特別償却

この制度では、下記の**【図表2-23】**のとおり特定事業用機械等の種類に応じて特別償却限度額が異なります。また、平成31年4月1日以後に事業計画の当初承認を受ける事業者で一定の場合には上乗せ措置があります。なお、所有権移転外リースによる特定事業用機械等の取得については税額控除を選択適用することができますが、特別償却を適用することはできません（措法42の11の2③）。

なお、特別償却のうち、その事業年度においてその特別償却限度額まで減価償却費を計上せず、特別償却不足額が生じた場合には、その償却不足額については1年間繰り越すことができます（措法52の2）。

(2) 税額控除

この制度における税制上の優遇措置として税額控除を選択適用できますが、その事業年度の法人税の額から控除することができる金額についても、下記の**【図表2–23】**のとおり特定事業用機械等の種類に応じて税額控除限度額が異なります。また、平成31年4月1日以後に事業計画の当初承認を受ける事業者で一定の場合には上乗せ措置があります。なお、税額控除限度額は、その事業年度の法人税額の20％相当額が上限となりますが（措法42の11の2②）、これまでの中小企業向け投資促進税制における税額控除とは異なり繰越税額控除限度超過額の規定はありません。

上乗せ要件

平成31年4月1日以後に事業計画の承認を受けた事業者の直近事業年度の付加価値増加額が8％以上となる場合には、機械及び装置並びに器具及び備品につき、特別償却率又は税額控除率がそれぞれ50％又は5％に上乗せされます。

【図表2–23　資産別の特別償却限度額と税額控除限度額】

適用対象資産	特別償却	税額控除
機械及び装置	取得価額の40％ （上乗せ要件を満たす場合は50％）	取得価額の4％ （上乗せ要件を満たす場合は5％）
器具及び備品	取得価額の40％ （上乗せ要件を満たす場合は50％）	取得価額の4％ （上乗せ要件を満たす場合は5％）
建物、建物附属設備、構築物	取得価額の20％	取得価額の2％

2　適用要件

この制度の適用を受けることできる対象法人は、地域未来投資促進法に基づき、各市町村及び都道府県が策定する計画で国の承認を受けた基本計画に沿って策定された地域経済牽引事業計画の承認を都道府県知事から受けた事業者で、その計画が先進的な事業であることにつき主務大臣による確認を受けた事業者となります。

また、適用対象資産は、地域経済牽引事業計画に沿って取得等をする**【図表 2–23】**に掲げる特定事業用機械等で、新品のものに限り、中古品は対象となりません。一単位ごとの取得価額基準はありませんが、一の地域経済牽引事業計画に定められた施設又は設備を構成するこれらの取得価額の合計が 2,000 万円以上であることが要件となっています。なお、総投資額のうちこの制度の対象となる金額は80億円が限度となります。

補助金を受けた場合の取得価額

適用対象資産の取得価額には、その本体購入対価のほか付随費用等が含まれますが、国又は地方公共団体から補助金を受けた場合において、法人税法上の圧縮記帳の適用を受けたときは、圧縮記帳後の金額が取得価額となります。また、積立金方式による場合であっても補助金等を差し引いた金額が取得価額となります。

3　適用のための諸手続き

この制度における優遇措置の適用を受けるためには、申告の際、償却限度額又は控除税額の金額の計算に関する明細書（法人税等各種別表の付表又は別表）を添付して申告する必要があります。なお、申告に当たり、この制度の適用を受けるため策定した地域経済牽引事業計画や、その承認申請及び確認に関する書類等の添付は不要となっています。

(1) 都道府県への計画申請

この制度の適用を受けるには、まず地域経済牽引事業者として承認される必要がありますが、その前にまずは、その法人が策定した地域経済牽引事業計画について都道府県知事の承認を受ける必要があります。

地域経済牽引事業計画は、都道府県の策定する基本計画に合致し、地域経済に対して高い波及効果を及ぼすことがポイントとなります。都道府県による地域経済牽引事業計画の承認ポイントは、以下のとおりです。

① 地域の特性を活用していること

② 高い付加価値を創出すること

③ 地域の事業者に対する相当の経済的効果を及ぼすこと

(2) 主務大臣による確認

この制度による税制上の優遇措置の適用を受けるには、都道府県による地域経済牽引事業計画の承認後、その事業者が地域の成長発展の基盤強化に特に資するものとして、一定の要件を満たすことにつき主務大臣による確認を受けるため、主務大臣に申請書を提出し、以下の先進性等に関する確認を受けることが要件となっています。なお、確認申請書を提出する際には、事前に提出先となる主務大臣を確定させる必要があり、主務大臣を確定させる際には関係省庁との調整が必要です。また、事業内容等については、一定の時期までに管轄の経済産業局に相談する必要があり、その相談がなされない場合には主務大臣が確定できず申請することができません。そのため、スケジュールには十分留意する必要があります。

① その事業について先進性を有すること（生産活動の基盤に著しい被害を受けた地域を除きます）

② 対象事業の売上高伸び率が、過去５事業年度の対象事業に係る市場規模の伸び率の５％以上であり、かつ対象事業の売上高伸び率がゼロを上回ることを満たすこと

③ 設備投資額が2,000万円以上であること

④ 設備投資額が前年度の減価償却費の10％を超えること

⑤ 直近事業年度の付加価値額増加率が８％以上であること（上乗せ要件の場合）

⑥ 投資利益率かつ労働生産性の伸びが一定水準以上（上乗せ措置の場合）

先進性の判断基準

①の要件にある先進性は、経済産業省地域経済産業グループに設置される先進性

評価委員によって、以下の４つの基準で判断されます。先進性は、同業他社に普及していない又は一般的な方式とは異なる場合にこれが認められる可能性が高いといえます。

なお、令和３年度税制改正では、これらの要件の客観化、明確化を図るため、投資収益率又は労働生産性の伸びが一定水準以上であることが追加されました。

（ア）開発又は生産する製品の先進性

（イ）開発又は提供する役務の先進性

（ウ）製品の生産又は販売の方式の先進性

（エ）役務の提供の方式の先進性

生産活動の基盤に著しい被害を受けた地域について

平成28年熊本地震、平成30年７月豪雨、令和元年台風19号及び令和２年７月豪雨による被災地域は、特定非常災害特別措置法第７条の対象地域となっています。

これらの対象地域（適用地域については各自治体の発表等にて確認）については、「先進性を有すること」の要件を満たす必要はありません。

付加価値の計算方法

⑤の要件にある付加価値とは、「売上高－費用総額＋給与総額＋租税公課」となります。また、費用総額は、「売上原価＋販売費及び一般管理費」となり、確認申請の際には財務諸表を添付します。

(3) 税務申告

① 特別償却の場合

この制度による特別償却の適用に当たっては、損金経理要件のほか、確定申告書等に特定事業用機械等の償却限度額の計算に関する明細書を添付し提出することがその適用要件となっています（措法42の11の2④）。具体的には、普通償却限度額の計算に係る減価償却資産の償却額の計算に関する計算書（別表十六（一）又は別表十六（二））のほか、「地域経済牽引事業の促進区域内における特定事業用機械等の特別償却の償却限度額の計算に関する付表」（特別償却の付表（五））を確定申告書等に添付しなければなりません。

② 税額控除の場合

この制度による税額控除の適用に当たっては、控除を受ける金額を確定申告書等に記載し、その控除の対象となる特定事業用機械等の取得価額その他控除を受ける金額の計算に関する明細となる「地域経済牽引事業の促進区域内において特定事業用機械等を取得した場合の法人税額の特別控除に関する明細書」（別表六（十八））を添付して申告した場合に限り適用されます（措法42の11の2⑤）。

大企業に対する税額控除適用除外

本章 5 以降の投資優遇税制では、中小企業者又は農業協同組合等以外の法人につき、平成30年4月1日から令和6年3月31日までの間に開始する各事業年度において、その事業年度の所得金額が前事業年度の所得を上回る場合で、次の要件のいずれにも該当しないときには税額控除の適用を受けることができません（措法42の13⑥）。

① 継続雇用者給与等支給額 ＞ 継続雇用者比較給与等支給額

② 国内設備投資額 ＞ 当期償却総額×30％

6 5G 導入促進税制

次に、中小企業者等に限らず適用できる投資優遇税制として、令和２年度税制改正によって創設された一定の特定高度情報通信技術活用設備を取得した場合の特別償却又は税額控除（以下、「5G 導入促進税制」といいます）について確認します。

5G とは、第５世代移動通信システムとして、携帯電話やスマートフォン等の通信に使用される次世代通信規格をいいます。この制度は、5G 情報通信インフラを早期に広く普及させるため、超高速・大容量通信等のための全国基地局を整備する「全国 5G」と、地域活性化等を目指し事業主体自らが構築する「ローカル 5G」を支援するため、その設備投資に対して特別償却又は税額控除を適用することができる制度となります。

「全国 5G」については、携帯電話事業者に限定した支援措置となっているため、本書では「ローカル 5G」に対する優遇措置について確認します。なお、「ローカル 5G」に対しては、この制度の適用以外にも、固定資産税につき、３年間、課税標準額を２分の１とする特例措置も併せて受けることができます。

1 制度の概要

5G 導入促進税制は、青色申告書を提出する法人が、令和２年８月 31 日から令和４年３月 31 日までの期間内に、一定の適用対象資産（以下、「特定高度情報通信技術活用設備」といいます）を取得又は製作若しくは建設（以下、「取得等」といいます）し、これを特定高度情報通信技術活用システム導入計画（以下、「認定導入計画」といいます）に従って実施される一定の特定高度情報通信技術活用システムの導入を行う事業者の事業の用に供した場合に、その事業の用に供した事業年度において、その特定高度情報通信技術活用設備の取得価額の 30 ％相当額の特別償却又はその取得価額の 15 ％相当額の税額控除を選択適用することができる制度です。なお、同一の資産について、この制度による特別償却と税額控除の重複適用はできません。

(1) 特別償却

この制度における特別償却限度額は、特定高度情報通信技術活用設備の取得価額の30％相当額となります（措法42の12の6①）。減価償却費は損金経理することを要件として損金算入することが認められているため、特別償却の部分について損金算入する場合においても、原則として特別償却費として損金経理する必要があります。

なお、所有権移転外リースによる特定高度情報通信技術活用設備の取得については税額控除を選択適用することができますが、特別償却を適用することはできません（措法42の6③）。

また、特別償却のうち、その事業年度において特別償却限度額まで減価償却費を計上せず、特別償却不足額が生じた場合には、その償却不足額については1年間繰り越すことができます（措法52の2）。

(2) 税額控除

この制度では、特別償却との選択によって税額控除を適用することができます。その事業年度の法人税額から控除することができる金額は、その取得等をする特定高度情報通信技術活用設備の取得価額の15％相当額が限度となります。なお、税額控除限度額は、その事業年度の法人税額の20％相当額が上限となりますが（措法42の12の6②）、5 地域未来促進税制と同様に、繰越税額控除限度超過額の規定はありません。

2 適用要件

この制度のうち「ローカル5G」の適用を受けることができる対象法人は、認定導入計画に従い、経済産業大臣及び総務大臣が定める基準に適合すること等について主務大臣の確認を受けた特定高度情報通信技術活用設備を導入する認定導入事業者です。ローカル5Gの導入に当たっては、無線局の免許（電波法4）の申請をし、総務大臣からローカル5Gの免許を受ける必要があります。

「特定高度情報通信技術活用システムの開発供給及び導入の促進に関する法律」が令和2年8月31日に施行され、これに伴い認定導入計画の申請受付が始まりましたが、導入計画の認定を受けることができる特定高度情報通信技術活用システムには、「5G情報通信システム」以外に「ドローン活用システム」も含まれます。但し、ドローンについては、金融支援措置を受けるための導入計画の認定申請を行うことができるのみで、この制度による税制優遇措置の適用を受けることはできません。

適用対象資産となる特定高度情報通信技術活用設備は、認定導入計画に記載された機械及び装置、器具及び備品、建物附属設備並びに構築物のうち一定の要件を満たすものであることにつき主務大臣の確認を受けたものになります。その中でも、ローカル5Gシステムとしては、送受信装置や光ファイバを用いた伝送路設備、通信モジュールなどが挙げられます。

3　適用のための諸手続き

この制度では、主務大臣の認定を受けた特定高度情報通信技術活用システム導入計画に基づいて行われた設備投資について特別償却又は税額控除の選択適用を受けることができます。これらの優遇措置の適用を受けるためには、申告の際、償却限度額又は税額控除の金額の計算に関する明細書（法人税等各種別表の付表又は別表）を添付するとともに、その設備等が特定高度情報通信技術活用設備であることにつき主務大臣が確認したことを証する書類の写しを添付する必要があります。

(1) 特別償却

この制度による特別償却の適用に当たっては、損金経理要件のほか、確定申告書等に特定高度情報通信技術活用設備の償却限度額の計算に関する明細書を添付し提出することが適用要件となっています（措法42の12の6④）。具体的には、普通償却限度額に係る減価償却資産の償却額の計算に関する計算書（別表十六（一）又は別表十六（二））のほか、「認定特定高度情報通信技術活用設備の特別償却の償却限度額の計算に関する付表」（特別償却の付表（九））を確定申告に添付しなければなりません。

(2) 税額控除

この制度による税額控除の適用に当たっては、控除を受ける金額を確定申告書等に記載し、その控除の対象となる特定高度情報通信技術活用設備の取得価額その他控除を受ける金額の計算に関する明細となる「認定特定高度情報通信技術活用設備を取得した場合の法人税額の特別控除に関する明細書」（別表六（二十七））を添付して申告した場合に限り適用されます（措法42の12の6⑤）。

なお、所得が増加しているにもかかわらず、賃上げや設備投資に消極的な大企業については、税額控除を適用することができません（措法42の13⑥、5 地域未来投資促進税制3（3）参照）。

7 DX投資促進税制

新型コロナウイルス感染症が拡大する中での令和３年度税制改正では、ウィズコロナ・ポストコロナへの新しい日常に対応した事業再構築を進めるため、デジタル技術を活用した企業変革、つまりデジタルトランスフォーメーション（DX）に対する新たな投資優遇税制が創設されました。

ここまで確認してきた2中小企業経営強化税制以降の投資優遇税制と同様に、この制度においても一定の計画認定を前提とし、これに従って実施するデジタル関連投資に対し特別償却又は税額控除を適用することができる制度（以下、「DX投資促進税制」といいます）となります。

1 制度の概要

DX投資促進税制は、青色申告書を提出する法人が、産業競争力強化法改正の施行日から令和５年３月31日までの期間に、一定の適用対象資産（以下、「情報技術事業適応設備」といいます）を取得又は製作（以下、「取得等」といいます）をし、生産性の向上又は需要の開拓に特に資するものとして認定された一定の事業計画に基づいてこれを事業の用に供した場合に、その事業の用に供した日を含む事業年度において、その取得価額の30％の特別償却又はその取得価額の３％若しくは５％の税額控除を選択適用することができる制度となります。

なお、同一の資産について、この制度による特別償却と税額控除の重複適用はできません。

(1) 特別償却

この制度における特別償却限度額は、その取得等する情報技術事業適応設備の取得価額の30％相当額となります（措法42の12の7①、②）。

なお、特別償却に代えて税額控除を選択適用する場合のうち、情報技術事業適応設備をグループ外の他の法人とも連携・共有するときは、下記 (2) のとおり税額控除率について上乗せ措置がありますが、特別償却にはこのような上乗せ措置は設定されていません。

(2) 税額控除

この制度において、その事業年度の法人税の額から控除することができる金額は、情報技術事業適応設備の取得価額の 3 % 相当額が限度となります（措法 42 の 12 の 7 ④、⑤）。なお、その税額控除額の限度額については、8 CN 投資促進税制における税額控除の額との合計で、その事業年度の法人税額の 20 % 相当額を限度としているのが特徴です。

また、税額控除率については、その取得等する情報技術事業適応設備が、グループ会社間ではない他の法人とデータの連携や共有をする場合には、その事業年度の法人税の額から控除することができる金額は、情報技術事業適応設備の取得価額の 5 % 相当額に上乗せされます（措法 42 の 12 の 7 ④、⑤）。なお、グループ会社とは、会社法上の親会社、子会社その他いわゆる兄弟会社をいいます。

2 適用要件

この制度は、DX の実現に必要なクラウド技術を活用したデジタル関連投資に対する投資優遇税制となります。設備投資に当たっては、主務大臣により認定された計画に基づいて新設又は増設するソフトウェアその他これと連携等する情報技術事業適応設備が適用対象設備となります（**【図表 2-24】**）。それぞれの適用対象設備ごとに取得価額基準は設けられていませんが、投資額の要件として、総投資額がその

【図表 2-24　適用対象資産と各資産の適用要件】

対象設備	用途等
ソフトウェア	
繰延資産	クラウドシステムへの移行に係る初期費用
器具及び備品	ソフトウェア・繰延資産と連携して使用するものに限る
機械及び装置	

事業年度の売上高の0.1％以上である必要があります。また、この制度における優遇措置は投資額の300億円が上限（300億円を上回る投資は300億円まで）となります。

3　適用のための諸手続き

この制度における税制上の優遇措置の適用を受けるためには、主務大臣から事業適用計画につき認定を受ける必要があります。認定に当たっては、**【図表2-25】**のとおり、デジタル（D）要件と企業変革（X）要件を満たす必要があります。

【図表2-25　事業適用計画の認定要件】

デジタル（D）要件	企業変革（X）要件
①　データ連携・共有 （他の法人等が有するデータ又は事業者がセンサー等を利用して新たに取得するデータと内部データとを合わせて連携すること） ②　クラウド技術の活用 ③　情報処理推進機構が審査する「DX認定」の取得 （レガシー回避・サイバーセキュリティ等の確保）	①　全社の意思決定に基づくものであること （取締役会等の決議文書添付等） ②　一定以上の生産性向上が見込まれること

また、認定後は、その計画に基づいた投資を行い、その投資実績を主務大臣に報告し、証明書の交付を受けます。

税務申告においては、特別償却又は税額控除の適用を受けるため、申告の際、償却限度額又は税額控除の金額の計算に関する明細書（法人税等各種別表の付表又は別表）を添付するとともに、上記、主務大臣から交付を受けた証明書を添付します。なお、所得が増加しているにもかかわらず、賃上げや設備投資に消極的な大企業については、税額控除を適用することができません（措法42の13⑥、5地域未来投資促進税制3（3）参照）。

8 CN 投資促進税制

令和 3 年度税制改正では、7 DX 投資促進税制とともに、新たにカーボンニュートラル（CN）への実現に向けた投資促進税制（以下、「CN 投資促進税制」といいます。）が創設されました。

CN 投資促進税制は、2050 年までに温室効果ガスの排出と森林等によるこれらの吸収量をバランスさせることを目指し、脱炭素化効果の高い製品の生産設備や、生産工程等の脱炭素化と付加価値向上を両立する設備を導入した場合に、その総投資額に対し特別償却又は税額控除を選択適用できる制度となります。

1 制度の概要

CN 投資促進税制は、青色申告書を提出する法人が、産業競争力強化法改正の施行日から令和 6 年 3 月 31 日までの期間に、一定の適用対象資産（以下、「生産工程効率化等設備等」といいます）を取得又は製作若しくは建設（以下、「取得等」といいます）をし、生産工程の効率化による温室効果ガスの削減等その他中長期環境適応に用いられるもの又は温室効果ガスの削減に資する事業活動に特に寄与する製品等の生産に専ら使用される設備等として認定された一定の事業計画に基づいてこれを事業の用に供した場合に、その事業の用に供した日を含む事業年度において、その取得価額の 50 %の特別償却又はその取得価額の 5 %（温室効果ガスの削減に著しく資する場合には、10 %）の税額控除を選択適用することができる制度となります。なお、同一の資産について、この制度による特別償却と税額控除の重複適用はできません。

(1) 特別償却

この制度における特別償却限度額は、その取得等する生産工程効率化等設備等の取得価額の 50 %相当額となります（措法 42 の 12 の 7 ③）。

なお、特別償却に代えて税額控除を選択適用する場合のうち、生産工程効率化等設備等が温室効果ガスの削減に著しく資するものである場合には、下記（2）のとおり税額控除率について上乗せ措置がありますが、特別償却には、このような上乗せ措置は設定されていません。

(2) 税額控除

この制度において、その事業年度の法人税額から控除することができる金額は、生産工程効率化等設備等の取得価額の5％相当額が限度となります（措法42の12の7⑥）。なお、その税額控除額の限度額については、7 DX投資促進税制における税額控除の額との合計で、その事業年度の法人税額の20％相当額が限度となります。

また、税額控除率については、その取得等する生産工程効率化等設備等が、温室効果ガスの削減に著しく資するものである場合には、その事業年度の法人税の額から控除することができる金額は、これらの設備の取得価額の10％相当額に上乗せされます（措法42の12の7⑥）。

2 適用要件

この制度は、認定を受けた中長期環境適応計画に基づいて、下記（1）又は（2）として導入する生産工程効率化等設備等が適用対象設備となります。それぞれの適用対象設備ごとに取得価額基準は設けられていませんが、対象資産の取得価額の合計のうち、この制度の対象となる投資額は500億円を限度とします。

(1) 大きな脱炭素化効果を持つ製品の生産設備

温室効果ガス削減効果が大きく、新たな需要の拡大に寄与することが見込まれる製品の生産に専ら使用される設備とし、例えば、燃料電池などの「機械装置」が対象設備となります。

(2) 生産工程等の脱炭素化と付加価値向上を両立する設備

事業所等の炭素生産性(※)を相当程度向上させる計画に必要な設備として、その導入により事業所の炭素生産性が１％向上する、機械装置、器具備品、建物附属設備及び構築物が対象設備となります。

$$(※)\ 炭素生産性 = \frac{付加価値額}{エネルギーの起源となる二酸化炭素排出量}$$

3　適用のための諸手続き

この制度における優遇措置の適用を受けるためには、中長期環境適応計画の認定を受け、これに基づいて生産工程効率化等設備等を導入することになります。

税務申告においては、特別償却又は税額控除の適用を受けるため、申告の際、償却限度額又は税額控除の金額の計算に関する明細書（法人税等各種別表の付表又は別表）を添付する必要があります。

なお、所得が増加しているにもかかわらず、賃上げや設備投資に消極的な大企業については、税額控除を適用することができません（措法 42 の 13⑥、5地域未来投資促進税制 3（3）参照）。

第 3 章

購入する設備から使える税制を探す

1 各税制別・資産別一覧

ここからは、第2章で確認した設備等に係る投資優遇税制について、各資産別にその適用の有無を判定します。

各税制の適用に当たっては、取得価額基準、策定した経営力向上計画や投資計画の認定手続き、その他一定の要件を満たす必要がありますが、ここでは、設備等の取得を予定している場合に、その設備等に対し適用することができる可能性のある投資優遇税制を簡便的に判定します。

【図表3-1 各税制別・資産別適用一覧（総括）】

		中小企業投資促進税制	中小企業経営強化税制			中小企業防災・減災投資促進税制	固定資産税の特例	地域未来投資促進税制	5G導入促進税制	DX投資促進税制	CN投資促進税制
			A類型	B類型	C類型						
1	土地	×	×	×	×	×	×	×	×	×	×
2	建物	×	×	×	×	×	○	○	×	×	×
3	建物附属設備	×	○	○	○	○	○	○	○	×	○
4	構築物	×	×	×	×	×	○	○	○	×	○
5	機械及び装置	○	○	○	○	○	○	○	○	○	○
6	船舶（内航船舶のみ）	○	×	×	×	×	×	×	×	×	×
7	車両運搬具（貨物自動車）	○	×	×	×	×	×	×	×	×	×
	車両運搬具（上記以外）	×	×	×	×	×	×	×	×	×	×
8	工具（測定・検査）	○	○	○	○	×	○	×	×	×	×
	工具（上記以外）	×	×	○	○	×	×	×	×	×	×
9	器具及び備品	×	○	○	○	○	○	○	○	○	○
10	ソフトウェア	○	○	○	○	×	×	×	×	○	×
11	（一定の）繰延資産	×	×	×	×	×	×	×	×	○	×

判定　○：一定の要件のもと適用可　×：適用不可

2 各資産別適用の可否判定

ここでは、各投資優遇税制の適用の可否を各資産別に個別に確認することにします。なお、各税制を適用するに当たっては、取得価額基準や策定した各計画の認定手続きその他一定の要件を満たす必要がありますが、ここでは、あくまでも設備等の取得を予定している初期の段階における投資優遇税制の適用の可否について簡便的な判定を行うことを目的とします。

1 土地

【図表 3-2 「土地」の適用一覧】

	中小企業投資促進税制	中小企業経営強化税制			中小企業防災・減災投資促進税制	固定資産税の特例	地域未来投資促進税制	5G 導入促進税制	DX 投資促進税制	CN 投資促進税制
		A 類型	B 類型	C 類型						
適用の可否	×	×	×	×	×	×	×	×	×	×

本書では設備等の投資に対する税制上の優遇措置の内容について取り扱っているため、設備には属さない「土地」は**【図表 3-2】**にあるように適用対象資産とはならず全て「×」が並ぶことになります。

土地の取得に対しては中小企業者等に対する投資優遇税制に限らず他にも税制上の優遇措置はありませんが、買換特例などのような課税の繰延べ制度が認められています。

2 建物

「建物」については、**【図表 3-3】**のとおり中小企業向け投資促進税制において、事業用家屋のうち先端設備等を稼働させるために取得されるものに限定して「生産

【図表 3-3 「建物」の適用一覧】

	中小企業投資促進税制	中小企業経営強化税制			中小企業防災・減災投資促進税制	固定資産税の特例	地域未来投資促進税制	5G 導入促進税制	DX 投資促進税制	CN 投資促進税制
		A 類型	B 類型	C 類型						
適用の可否	×	×	×	×	×	一が 120 万円以上	総投資額が 2,000 万円以上	×	×	×

性向上特別措置法による固定資産税の特例」（以下「固定資産税の特例」といいます）を適用することができます。また、資本金の額等による制限がない「地域未来投資促進税制」において、他の特定事業用機械等との合計が 2,000 万円以上である場合に優遇措置が適用されます。

その他、本書で取り扱う税制上の優遇措置の範囲ではありませんが、いわゆるオフィス減税のような地方拠点強化税制における特別償却又は税額控除の優遇措置が適用される余地があります。

3 建物附属設備

【図表 3-4 「建物附属設備」の適用一覧】

	中小企業投資促進税制	中小企業経営強化税制			中小企業防災・減災投資促進税制	固定資産税の特例	地域未来投資促進税制	5G 導入促進税制	DX 投資促進税制	CN 投資促進税制
		A 類型	B 類型	C 類型						
適用の可否	×	一が 60 万円以上	一が 60 万円以上	一が 60 万円以上	一が 60 万円以上	一が 60 万円以上	総投資額が 2,000 万円以上	○	×	総投資額 500 億円が上限

「建物附属設備」については、**【図表 3-4】**のとおり本書で取り扱う投資促進税制のほとんどが適用可能ということになりますが、「中小企業投資促進税制」では適用することができません。

中小企業投資促進税制以外の中小企業向け投資促進税制においては、一の取得価額が 60 万円以上のものがその対象設備となります。

建物附属設備は、税制上の優遇措置を受けるため申告においては付表又は別表を添付する以外に特段手続きを要しない「中小企業投資促進税制」を適用することができないため、建物附属設備につき税制上の優遇措置を受けるためには、例外はあるものの、原則としてこれらを取得する事前に申請などによる諸手続きが必要となります。

また、「固定資産税の特例」においては、家屋と一体で評価されるもの以外の償却資産として課税されるものが対象となります。

4 構築物

【図表 3-5 「構築物」の適用一覧】

	中小企業投資促進税制	中小企業経営強化税制			中小企業防災・減災投資促進税制	固定資産税の特例	地域未来投資促進税制	5G 導入促進税制	DX 投資促進税制	CN 投資促進税制
		A 類型	B 類型	C 類型						
適用の可否	×	×	×	×	×	一が 120 万円以上	総投資額が 2,000 万円以上	○	×	総投資額 500 億円が上限

「構築物」については、**【図表 3-5】**のとおり「建物」と同じく中小企業向け投資促進税制では「固定資産税の特例」を適用することができます。また、資本金の額等による制限がない「地域未来投資促進税制」において、他の特定事業用機械等との合計が 2,000 万円以上である場合に優遇措置が適用されることも同じです。さらに、近年新たに創設された「5G 投資促進税制」も適用することができます。

また、建物と同様に本書で取り扱う税制上の優遇措置の範囲ではありませんが、いわゆるオフィス減税のような地方拠点強化税制において特別償却又は税額控除の優遇措置が適用される余地があります。

5 機械及び装置

「機械及び装置」については、**【図表 3-6】**のとおり本書で取り扱う投資優遇税制の全てが適用可能となります。

機械及び装置は、税制上の優遇措置を受けるため申告においては付表又は別表を

【図表 3-6 「機械及び装置」の適用一覧】

	中小企業投資促進税制	中小企業経営強化税制			中小企業防災・減災投資促進税制	固定資産税の特例	地域未来投資促進税制	5G 導入促進税制	DX 投資促進税制	CN 投資促進税制
		A 類型	B 類型	C 類型						
適用の可否	一が 160 万円以上	一が 160 万円以上	一が 160 万円以上	一が 160 万円以上	一が 100 万円以上	一が 160 万円以上	総投資額が 2,000 万円以上	○	総投資額 300 億円が上限	総投資額 500 億円が上限

添付する以外に特段手続きを要しない「中小企業投資促進税制」の適用を受けることができます。つまり、「中小企業経営強化税制」の適用が可能であるにもかかわらず、手続きの不備などによって「中小企業経営強化税制」の適用を受けることができなかった場合であっても、その適用される優遇措置の内容は縮減されるものの、「中小企業投資促進税制」を適用することで「中小企業経営強化税制」での手続きの不備等をある程度カバーすることができることになります。

6 船舶

【図表 3-7 「船舶」の適用一覧】

	中小企業投資促進税制	中小企業経営強化税制			中小企業防災・減災投資促進税制	固定資産税の特例	地域未来投資促進税制	5G 導入促進税制	DX 投資促進税制	CN 投資促進税制
		A 類型	B 類型	C 類型						
適用の可否	全て（内航船舶のみ）	×	×	×	×	×	×	×	×	×

「船舶」においては判定の範囲が内航船舶に限られますが、**【図表 3-7】**のとおり本書で取り扱う投資優遇税制のうち「中小企業投資促進税制」のみ適用が可能で、取得価額要件等の制限はありません。

なお、内航船舶とは、内航海運業の用に供される船舶をいい、内航海運業とは、国内港間の船舶による物品の輸送又はその船舶の貸渡しを行う事業をいいます。

「中小企業投資促進税制」においては原則として貸付けの用に供される設備等はその適用対象資産には該当しませんが、内航海運業である船舶の貸渡しについては例外的にこの税制の対象とされています。

7　車両及び運搬具

【図表 3-8 「車両及び運搬具」の適用一覧】

	中小企業投資促進税制	中小企業経営強化税制			中小企業防災・減災投資促進税制	固定資産税の特例	地域未来投資促進税制	5G 導入促進税制	DX 投資促進税制	CN 投資促進税制
		A 類型	B 類型	C 類型						
適用の可否	車両総重量3.5t 以上の貨物車両	×	×	×	×	×	×	×	×	×

「車両及び運搬具」についても**【図表 3-8】**のとおり「船舶」と同じく本書で取り扱う投資優遇税制のうち「中小企業投資促進税制」のみ適用できます。

車両及び運搬具の場合、その適用に当たり取得価額要件は設けられていませんが、車両総重量が 3.5 トン以上の普通貨物自動車に限定されています。また、貨物自動車であっても普通自動車に限定されているため、小型自動車（いわゆる軽自動車）は適用対象外となります。普通貨物自動車は道路運送車両法に規定する普通自動車で、貨物の運送の用に供するものとされており、耐年令別表 1 において「車両及び運搬具」に該当するものの車両法規別表 1 において大型特殊自動車に該当するフォーク・リフトなどは「中小企業投資促進税制」における車両及び運搬具としては適用対象外ということになります。

その他、人や物の運搬を目的とせずに作業場などにおいて作業することを目的とするようなトラッククレーン、ブルドーザー、ショベルカー、ロードローラーやコンクリートポンプ車などは耐年令別表 1 における「車両及び運搬具」としての「特殊自動車」には該当せず、「機械及び装置」に該当することになります（耐年通 2-5-5）。

8－1　工具（測定・検査）

【図表 3-9 「工具（測定・検査）」の適用一覧】

	中小企業投資促進税制	中小企業経営強化税制			中小企業防災・減災投資促進税制	固定資産税の特例	地域未来投資促進税制	5G 導入促進税制	DX 投資促進税制	CN 投資促進税制
		A 類型	B 類型	C 類型						
適用の可否	一が 120 万円以上又は合計で 120 万円以上	一が 30 万円以上	一が 30 万円以上	一が 30 万円以上	×	一が 30 万円以上	×	×	×	×

工具のうち測定工具及び検査工具については、**【図表 3-9】**のとおり中小企業向け投資促進税制のうち、「中小企業投資促進税制」,「中小企業経営強化税制」及び「固定資産税の特例」において適用対象資産となっていますが、生産活動を伴わない「中小企業防災・減災投資促進税制」では適用対象資産にはなりません。

測定工具及び検査工具は、「中小企業投資促進税制」では1台又は1基の取得価額が 120 万円以上のもの又は複数を取得等した場合にはその事業年度の取得価額の合計額が 120 万円以上のもの（但し、1 台又は 1 基の取得価額が 30 万円未満のものは除きます）がその適用対象資産となり、「中小企業経営強化税制」及び「固定資産税の特例」では、1 台又は 1 基の取得価額が 30 万円以上のものがその適用対象資産となります。各制度において取得価額基準が異なるため注意が必要です。

なお、「測定工具及び検査工具」とは、電気又は電子を利用するものを含むこととされており、ブロックゲージ、基準巻尺、ダイヤルゲージ、粗さ測定器、硬度計、マイクロメーター、限界ゲージ、温度計、圧力計、回転計、ノギス、水準器、小型トランシット、スコヤー、V 型ブロック、オシロスコープ、電圧計、電力計、信号発生器、周波数測定器、抵抗測定器、インピーダンス測定器その他測定又は検査に使用するもので、主として生産工程（製品の検査等を含む）で使用する可搬式のものをいいます（耐年通 2-6-1）。

8－2　工具（測定・検査以外のもの）

【図表 3-10　「工具（測定・検査以外）」の適用一覧】

	中小企業投資促進税制	中小企業経営強化税制			中小企業防災・減災投資促進税制	固定資産税の特例	地域未来投資促進税制	5G 導入促進税制	DX 投資促進税制	CN 投資促進税制
		A 類型	B 類型	C 類型						
適用の可否	×	×	一が30万円以上	一が30万円以上	×	×	×	×	×	×

測定工具及び検査工具以外の工具については、**【図表 3-10】**のとおり「中小企業経営強化税制」におけるＢ類型及びＣ類型のみが税制上の優遇措置の適用対象となります。

特に，「中小企業経営強化税制」におけるＢ類型は、主に工場などの製造ラインへの収益力強化に対する優遇措置となるため、工具については測定工具及び検査工具に限定されることなく、治具や金属圧延用のロール、打抜工具その他建設業者等が使用する建設用の金属製の足場材料など全ての工具がその対象となることになり、1台又は1基の取得価額が30万円以上のものがその適用対象資産となります。

9　器具及び備品

【図表 3-11　「器具及び備品」の適用一覧】

	中小企業投資促進税制	中小企業経営強化税制			中小企業防災・減災投資促進税制	固定資産税の特例	地域未来投資促進税制	5G 導入促進税制	DX 投資促進税制	CN 投資促進税制
		A 類型	B 類型	C 類型						
適用の可否	×	一が30万円以上	一が30万円以上	一が30万円以上	一が30万円以上	一が30万円以上	総投資額が2,000万円以上	○	総投資額300億円が上限	総投資額500億円が上限

「器具及び備品」については、**【図表 3-11】**のとおり本書における投資優遇税制のほとんどが適用可能ということになりますが、「中小企業投資促進税制」のみ適用することができません。

中小企業投資促進税制以外の中小企業向け投資促進税制が適用される対象設備については、1台又は1基の取得価額が30万円以上のものとなります。

10 ソフトウェア

【図表3-12 「ソフトウェア」の適用一覧】

	中小企業投資促進税制	中小企業経営強化税制			中小企業防災・減災投資促進税制	固定資産税の特例	地域未来投資促進税制	5G導入促進税制	DX投資促進税制	CN投資促進税制
		A類型	B類型	C類型						
適用の可否	一が70万円以上又は合計で70万円以上	一が70万円以上	一が70万円以上	一が70万円以上	×	×	×	×	総投資額300億円が上限	×

「ソフトウェア」は、**【図表3-12】**のとおり中小企業向け投資促進税制の中では「中小企業投資促進税制」と「中小企業経営強化税制」においてその適用対象資産となっていますが、自然災害への事前対策強化として直接効果が少ない「中小企業防災・減災投資促進税制」では適用対象外となっています。また、ソフトウェアはもともと償却資産税の申告対象外であるため「固定資産税の特例」の適用はありません。

ソフトウェアのうちその適用の対象となるものは、「中小企業投資促進税制」では一の取得価額が70万円以上のもの又は複数を取得等した場合にはその事業年度の取得価額の合計額が70万円以上のもの、「中小企業経営強化税制」では一の取得価額が70万円以上のものがその適用範囲となります。「中小企業投資促進税制」においては、工具（測定工具及び検査工具）と同様に複数を取得等した場合にその取得価額の合計額による判定を行うことができます。

なお、中小企業向け投資促進税制において適用できるソフトウェアについては、複写して販売するための原本や研究開発用のものは対象外となります。また、サーバー用オペレーティングシステム（ソフトウェアの実行をするために電子計算機の動作を直接制御する機能を有するサーバー用のソフトウェア）、サーバー用仮想化ソフトウェア、データベース管理ソフトウェア、連携ソフトウェア、不正アクセス防御ソフトウェアのうち、国際標準化機構（ISO）及び国際電気標準会議（IEC）の規格 15408 に基づく評価・認証がないものについても対象外となるなど、適用除外となる範囲については租税特別措置法施行規則20条の3に規定する財務省令を確認する必要があります。

その他、ソフトウェアが設備投資の中心的存在となる「DX 投資促進税制」では、他の事業適応設備との合計が 300 億円を上限（総投資額がその事業年度の売上高の0.1 %以上である必要があります）に優遇措置を適用することができます。

11 （一定の）繰延資産

【図表 3-13 （一定の）「繰延資産」の適用一覧】

	中小企業投資促進税制	中小企業経営強化税制			中小企業防災・減災投資促進税制	固定資産税の特例	地域未来投資促進税制	5G 導入促進税制	DX 投資促進税制	CN 投資促進税制
		A 類型	B 類型	C 類型						
適用の可否	×	×	×	×	×	×	×	×	総投資額300 億円が上限	×

「繰延資産」は、**【図表 3-13】**のとおり、唯一「DX 投資促進税制」において優遇措置が適用されます。ただ、この場合の繰延資産は、クラウドシステムへの移行に係る初期費用に対する支出をその効果の及ぶ期間に費用計上するためのものに限られます。

第 4 章

事業別にみる事例

第4章では、ここまで確認してきた投資優遇税制のうち、中小企業者等が取得する設備等に対して適用できる税制上の優遇措置の選択から、手続きの実務的な流れ、そして税務申告までを各事業別に事例によって確認することにします。なお、この章では適用要件が極めて限定的となる第2章[5]～[8]の適用の可否についての判定は行いません。

主な事業種目と各投資優遇税制との適合の可否については下記の**【図表 4-1】**のとおりですが、「生産性向上のための固定資産税の特例」は，各市町村によって適用できる業種が制限される場合があるため、**【図表 4-1】**の判定表からは外しています。

【図表 4-1　事業別優遇措置の適用判定】

税制上の優遇措置 主な事業種目	中小企業投資促進税制	中小企業経営強化税制	中小企業防災・減災投資促進税制	本書で該当する事例
建設業	○	○	○	<事例 4>
製造業	○	○	○	<事例 1> <事例 2> <事例 5> <事例 8>
卸売業	○	○	○	<事例 3> <事例 6>
小売業	○	○	○	<事例 7>
不動産業	○	○	○	<事例 9>
宿泊業・飲食サービス業	△	△	○	<事例 12>
生活関連サービス業	○	○	○	<事例 11>
道路貨物運送業	○	○	○	<事例 10>
専門・技術サービス業	○	○	○	—
教育・学習支援業	○	○	○	—
医療、福祉業	○	○	○	<事例 13>

なお、上記の**【図表 4-1】**において「△」が付された事業のうち、「宿泊業・飲食サービス業」については風俗営業等一部対象外となるものがあります。

また、第4章において事例として取り扱う税制上の各優遇措置を一覧にまとめると以下の**【図表 4-2】**のとおりとなります。

【図表 4-2　各事例において適用する優遇措置】

	中小企業投資促進税制	中小企業経営強化税制			中小企業防災・減災投資促進税制	固定資産税の特例
		A 類型	B 類型	C 類型		
＜事例 1＞		○				○
＜事例 2＞			○			
＜事例 3＞				○		
＜事例 4＞		○				
＜事例 5＞	○					
＜事例 6＞		○				
＜事例 7＞					○	
＜事例 8＞						○
＜事例 9＞	○					
＜事例 10＞	○			○		
＜事例 11＞		○				○
＜事例 12＞		○				○
＜事例 13＞		○				

1 事例１（製造業）中小企業経営強化税制（A類型）の活用

E株式会社（以下「E社」といいます）は、プラスチック製品の加工を行う資本金20,000千円、従業員36人、３月決算の中小企業者等です。

このところプラスチックに加工を施す真空成形機の老朽化が進んでいるため、新型のものに取り替えて生産力のアップを図りたいと考えています。

近年、中小企業者に対する投資優遇税制の創設や廃止が行われていますが、設備投資を行うにあたり、我が社にとって有利な税制上の優遇措置は何でしょうか。取得予定価格は設置費用込みで3,000千円です。

なお、前期の決算の申告状況は以下のとおりで、当期の利益は前期と比べそれほど大きな変動はないと予想しています。当社では、優遇措置が適用できるのであれば特別償却よりも税額控除を選択したいと考えています。

(1) 設備の取得価額（予定） 3,000千円

(2) 前期の決算の申告状況

①課税所得……………………12,000千円

②調整前法人税額…………2,128千円

1 回答

E社にとって最も有利な投資優遇税制として考えられるのは「中小企業経営強化税制」になります。

新たに取得する真空成形機は「機械及び装置」に該当するものと思われますが、生産性向上設備に該当するものとして工業会等からの証明書が交付されるものに該当すれば中小企業経営強化税制のうちA類型の適用ができます。また、この設備に対しA類型の適用ができる場合には、同時に地方税における優遇措置として「生産性向上特別措置による固定資産税の特例」（以下「固定資産税の特例」といいます）

の適用も検討することができます。

2　解説

(1) 各設備に対する投資優遇税制の適用の可否について

E社が取得を予定している真空成形機は「機械及び装置」に該当するものと思われますが、機械及び装置に対して適用が可能な投資優遇税制については下記の**【図表4-3】**のとおりです。

【図表4-3　資産別税制優遇措置の適用の可否】

	中小企業投資促進税制	中小企業経営強化税制			中小企業防災・減災投資促進税制	固定資産税の特例
		A類型	B類型	C類型		
機械及び装置	○	○	○	○	○	○

【図表4-3】のとおり、機械及び装置の取得に対しては「中小企業経営強化税制」を適用することができ、その選択が税制上最も有利となります。E社の場合、資本金の額が30,000千円以下の中小企業者等に該当しますので、即時償却又は取得価額の10％相当額の税額控除の選択適用が可能です。

その他、中小企業経営強化税制以外では「中小企業投資促進税制」を適用することもできますが、この場合に適用される特別償却又は税額控除については、中小企業経営強化税制と優遇措置の内容が異なり、**【図表4-4】**のとおり中小企業経営強化税制の方が有利となります。

【図表4-4　投資促進税制と経営強化税制との比較】

	中小企業投資促進税制	→	中小企業経営強化税制
特別償却	30％		100％（即時）
税額控除	取得価額の7％相当額		取得価額の10％相当額

＜資本金の額が3,000万円以下の場合＞

また、工業会等から証明書が交付されているのであれば、手続きは異なりますが、「固定資産税の特例」による償却資産税の優遇措置もあわせて適用できる可能性があります。

(2) 中小企業経営強化税制（A 類型）の適用

中小企業経営強化税制のうちA類型を適用するに当たっては、まず、その取得する設備等が生産性向上設備に該当することにつき工業会等から証明書の交付を受けるものに該当していることが必要条件となります。そして、その設備を導入するに当たっては、原則として事前に経営力向上計画を策定し、これを工業会等の証明書とともに担当省庁に申請して計画の認定を受け、その計画に沿って生産性向上設備を取得することになります。

これらの要件をクリアして取得した生産性向上設備に対しては、中小企業経営強化税制（A類型）を適用することができ、この制度においては即時償却と税額控除の選択適用が可能となります。中小企業経営強化税制は中小企業者等の資本金の額等によりその適用範囲が異なります。資本金の額等によるそれぞれの適用範囲については以下の**【図表 4-5】**のとおりです。

【図表 4-5　中小企業経営強化税制の資本金の額による比較】

	資本金の額	
	3,000 万円以下	3,000 万円超 1 億円以下
特別償却	100 %（即時）	
税額控除	取得価額の 10 %相当額	取得価額の 7 %相当額

なお、税額控除についてはその事業年度の調整前法人税額（他の措置法における税額控除制度を適用する前の法人税額をいいます）の 20 %相当額を超えて税額控除を適用することはできませんが、これを超える部分については翌事業年度に限り繰り越すことができます。

(3) 本事例への当てはめ

E社では、この時点でその取得予定の機械装置が生産性向上設備に該当するかどうかは不明ですが、あくまでもシミュレーションとして、前期実績をもとに取得予定の機械装置が生産性向上設備に該当し、A類型の適用を受けるものとした場合の税制上の優遇措置ついて試算すると、E社が選択を予定している税額控除については、＜**算定 1-1**＞のとおり 300 千円の税額控除の適用を受けることができることになります。

＜算定 1-1＞

機械装置の取得価額：3,000 千円

①税額控除限度額の算定

3,000 千円（取得価額）×10 %＝300 千円

②当期（仮）税額基準額の計算

2,128 千円（調整前法人税額）×20 %＝425.6 千円

③当期（仮）税額控除可能額

① 300 千円＜② 425.6 千円　∴ 300 千円

なお、E社は税額控除を予定していますが、参考として特別償却（即時償却）を選択した場合の税額への影響額を試算すると、＜**算定 1-2**＞のとおり当初の予定納税額（仮）に比べ 696 千円の減額効果があります。

＜算定 1-2＞

①課税所得の再計算

前期実績の課税所得から、取得予定の機械装置の取得価額を控除（即時償却）

12,000 千円（前期課税所得）－3,000 千円（機械装置の取得価額）

＝9,000 千円（再計算後の課税所得）

②法人税額の再計算

（ⅰ）8,000 千円×15 %＝1,200 千円（中小企業者等の税率の特例）

（ⅱ）（①＝9,000 千円－8,000 千円）×23.2 %＝232 千円

（ⅲ）（ⅰ）＋（ⅱ）＝1,432 千円

③当初予定税額との差額

2,128 千円（前期納税実績額）－②（＝1,432 千円）＝696 千円

3　具体的な手続き

本ケースの場合、現時点では設備投資の計画段階であるため、中小企業経営強化税制（A類型）を適用するに当たっての今後の流れについて確認していきます。

(1)　業者に工業会等の証明書の交付の可否を確認

E社は、現時点で真空成形機への設備投資を計画していますので、まずはその機械装置が中小企業経営強化税制のうちA類型の適用対象となる生産性向上設備に該当するかどうかを確認します。

生産性向上設備かどうかは、設備メーカー等が工業会等に対し確認しますので、E社は設備メーカー等に対して証明書の交付を依頼します。

設備メーカー等はE社からの依頼により、工業会等に対してその設備等が一定の要件をクリアした生産性向上設備に該当するものであることを証する証明書の発行申請を行います。工業会等は設備メーカー等からの申請によりその裏付けとなる資料などに基づいて、申請された設備等が一定の要件に適合していれば証明書を交付します。つまり、工業会等から証明書が発行されれば、その設備等は生産性向上設備に該当しているということになります。

なお、工業会等からの証明書は設備メーカー等による申請から交付まで数日～2か月程度要する場合があります。また、工業会等が交付する証明書の発行には発行手数料等が必要となりますので、その費用負担については事前に設備メーカー等に確認しておく必要があります。

(2)　経営力向上計画の策定

取得予定の設備等が生産性向上設備に該当することにつき、工業会等からの証明書により確認できたところで、次にその設備等を経営力向上計画に記載しますが、経営力向上計画は単にその設備投資による生産性の向上に関する計画だけではなく、E社内部の人材育成やコスト管理などのマネジメントの向上を含めた自社における経営力を向上するための実施計画を策定する必要があります。

E社に係る本事例の内容に即した経営力向上計画と記載に関する留意事項は、第2章 2-A にて例示してあります。

(3) 経営力向上計画の申請と認定

次に、策定した経営力向上計画につきその認定を受けるため、E社が属する事業分野の主務大臣（担当省庁）にその計画の認定申請をします。E社は一般の製造業に属するため、その申請先は原則としてE社の本店が所在する地域の経済産業局長宛となります。

申請から認定までは、申請の時期にもよりますが、おおよそ30日程度を要します。E社は現段階では設備投資の計画段階ですが、設備等を取得した事業年度において中小企業経営強化税制の適用を受けるためには、当事業年度内に経営力向上計画の認定を受け、設備等を取得する必要がありますので、スケジュールは入念に計画しておく必要があります。

なお、設備等の取得後に経営力向上計画の認定申請を行うことも例外的に認められていますが、その場合においても、設備等の取得後60日以内に経営力向上計画を申請し、受理される必要があり、また設備等を取得した事業年度において中小企業経営強化税制の適用を受けるためには当事業年度内に経営力向上計画の認定を受けなければならないことに変わりはないため、どちらにしても税制上の優遇措置の適用を逸しないよう、スケジュールには十分留意する必要があります。

(4) 税務申告

税務申告において中小企業経営強化税制を適用するためには一定の書類の添付が必要となります。

E社は税額控除の適用を選択する予定ですので、これを選択したものとして前期の申告実績により税務申告の手続きを進めてみることにします。

中小企業経営強化税制における税額控除の適用を受けるためには、確定申告書に別表六（二十三）を添付しなければなりません。本ケースにおいて添付するこの別表の内容は以下のとおりとなります。なお、申告に際しては工業会等からの証明書の写しや経営力向上計画書の写し、その計画に係る認定書の写しも申告書に添付して提出する必要があります。

(5) 償却資産税の申告

工業会等からの証明書の交付を受けた設備等は併せて固定資産税の特例による償

却資産税の軽減措置の適用を受けることができる可能性があります。導入する設備等が、「固定資産税の特例」にも対応しているかどうかについてはメーカー側に確認しておく必要があります。また、その設備等の導入が、これを導入する各市区町村の策定する「導入促進基本計画」に合致していることも確認しておく必要があります。

固定資産税の特例の適用に当たっては、経営力向上計画とは別に「先端設備等導入計画」の認定を受ける必要があります。固定資産税の特例では先端設備等導入計画の認定前に設備等を取得することができないため注意が必要です。

先端設備等導入計画の認定を受けた後は、償却資産税の軽減措置を受けるため、設備等を取得した翌年1月31日までに、申告書に固定資産税（償却資産）課税標準の特例適用届出書や先端設備等導入計画の認定書と申請書の写し、認定経営革新等支援機関による事前確認書の写し、工業会等証明書の写し、その他提出先の市区町村が求める書類等を添付して申告します。

なお、3月決算であるE社では、その事業年度内の12月31日までに先端設備等導入計画の認定を受けた設備等を取得した場合、法人税の申告に先行して償却資産税の申告手続きを行うことになります。「固定資産税の特例」の適用と申告の具体的な手続きについては、8事例8を参照してください。

中小企業者等が特定経営力向上設備等を取得した場合の法人税額の特別控除に関する明細書

事業年度	×3・4・1 ×4・3・31	法人名	E株式会社

別表六(二十三) 令二・四・一以後終了事業年度分

事業種目		1	製造業				
資産区分	種類	2	機械及び装置				
	設備の種類又は区分	3	プラスチック製品製造業用設備				
	細目	4					
	取得年月日	5	×3・10・15	・ ・	・ ・	・ ・	・ ・
	指定事業の用に供した年月日	6	×3・10・15	・ ・	・ ・	・ ・	・ ・
取得価額	取得価額又は製作価額	7	円 3,000,000	円	円	円	円
	法人税法上の圧縮記帳による積立金計上額	8					
	差引改定取得価額 (7)－(8)	9	3,000,000				

法人税額の特別控除額の計算

当期分	取得価額の合計額 ((9)の合計)	10	3,000,000 円	前期繰越分	差引当期税額基準額残額 (14)－(15)－(別表六(十四)「19」)－(別表六(二十二)「19」)	18	円
	同上のうち特定中小企業者等に係る額	11	3,000,000		繰越税額控除限度超過額 (24の計)	19	
	税額控除限度額 $((10)-(11))\times\frac{7}{100}+(11)\times\frac{10}{100}$	12	300,000		同上のうち当期繰越税額控除可能額 ((18)と(19)のうち少ない金額)	20	
	調整前法人税額 (別表一「2」又は別表一の三「2」若しくは「14」)	13	2,128,000		調整前法人税額超過構成額 (別表六(六)「7の⑲」)	21	
	当期税額基準額 $(13)\times\frac{20}{100}$－(別表六(十四)「14」)－(別表六(二十二)「14」)	14	425,600		当期繰越税額控除額 (20)－(21)	22	
	当期税額控除可能額 ((12)と(14)のうち少ない金額)	15	300,000				
	調整前法人税額超過構成額 (別表六(六)「7の⑳」)	16					
	当期税額控除額 (15)－(16)	17	300,000	法人税額の特別控除額 (17)＋(22)		23	300,000

翌期繰越税額控除限度超過額の計算

事業年度又は連結事業年度	前期繰越額又は当期税額控除限度額 24	当期控除可能額 25	翌期繰越額 (24)－(25) 26
・ ・ ・ ・	円	円	
・ ・ ・ ・			外 円
計		(20)	
当期分	(12) 300,000	(15) 300,000	外 0
合計			

機械設備等の概要

一般社団法人日本産業機械工業会より特定経営力向上設備等の「生産性向上設備(A類型)」に該当する旨の仕様、性能等の証明書の交付（9876543）を受けている（別紙添付）。

2 事例２（製造業）中小企業経営強化税制(B類型)の活用

株式会社Ｆ（以下「Ｆ社」といいます）は、水産冷凍食品の製造加工を行う資本金30,000千円、従業員60人、12月決算の中小企業者等です。

新年度に入り、食品加工の製造ラインの工程で設置している自動切身機２台をより切断能力の高いものに取り替えるとともにこれに付随するコンベアの交換を検討しています。この設備投資によって製造数量の増加による生産高の増加と、今までよりも製造ラインの高速化が図れるため工員の人件費、特に残業代の削減につながるとともに、省エネ効果もあることから経費削減にもつながることが期待されます。生産高のアップは設備等を増設したわけではないため予測はできませんが、設備等の導入による経費の削減効果は年間約300千円を見込んでいます。

この機械は特に最新モデルというわけではなく、工業会等からの証明書等の交付はないようですが、いくつかの中小企業者等に対する投資優遇税制のうち優遇措置を受けられるものはないのでしょうか。

なお、取得予定の設備等の価額と前期の決算の申告状況は以下のとおりです。

(1) 設備の取得価額（予定） 1,650千円×２台＝3,300千円（耐用年数10年、定率法）

(2) 前期の決算の申告状況

①課税所得…………………16,000千円

②調整前法人税額…………3,056千円

1 回答

このケースの場合、その設備を導入することで、年平均の投資利益率が５％以上になれば「中小企業経営強化税制」のうちＢ類型の適用が可能となりますが、適用

を受けるまでには事業年度内に複数の書類の作成と申請等が必要で、それぞれの申請等に対する認定までに時間を要するとともに設備等の取得のタイミングにも留意する必要があるため、B類型を活用する場合にはスケジュールに十分気を付ける必要があります。

2 解説

(1) 各設備に対する投資優遇税制の適用の可否について

F社が取得を予定している自動切身機は「機械及び装置」に該当するものと思われますが、機械及び装置に対して適用が可能な投資優遇税制については**【図表 4-6】**のとおりです。

【図表 4-6　資産別税制優遇措置の適用の可否】

	中小企業投資促進税制	中小企業経営強化税制			中小企業防災・減災投資促進税制	固定資産税の特例
		A類型	B類型	C類型		
機械及び装置	○	○	○	○	○	○

F社では機械及び装置の取得を予定していますので、**【図表 4-6】**のとおり、全ての投資優遇税制を適用することができます。しかし、取得する設備は自然災害等への事前対策を強化する目的とした設備投資ではないため、「中小企業防災・減災投資促進税制」は適用できません。また、取得する機械装置に対しては工業会等から証明書が交付されるような設備ではないため、A類型や「生産性向上特別措置法による固定資産税の特例」も適用できませんが、工場での生産ライン上にある機械装置の取得であることから、中小企業投資促進税制よりも有利な中小企業経営強化税制のうちB類型を適用できる余地があります。

F社の場合、資本金の額が30,000千円以下の中小企業者等に該当しますので、即時償却又は取得価額の10％相当額の税額控除の選択適用が見込めます。

(2) 中小企業経営強化税制（B類型）の適用

中小企業経営強化税制は経営力向上計画の策定を要しますが、中小企業経営強化税制のうちB類型を適用するに当たっては、その前に投資計画案を策定する必要があります。この策定された投資計画案は公認会計士や税理士による確認のうえ、経済産業局に申請して年平均の投資利益率などの要件をクリアしていることの確認書の交付を受けます。経営力向上計画の策定は、この確認書を入手してようやく取り掛かることになります。その後、原則として、各主務大臣（担当省庁）に策定した経営力向上計画の認定申請をし、その計画の認定を受けて設備等を取得します。

これらの手続きを経て取得した収益力強化設備に対しては、B類型を適用することができ、この制度においては特別償却と税額控除の選択適用が可能となります。中小企業経営強化税制では、特別償却の適用に当たっては即時償却が可能です。また、税額控除の適用に当たっては中小企業者等の資本金の額が30,000千円以下の場合には設備等の取得価額の10％相当額を、資本金の額が30,000千万円超1億円以下の場合には設備等の取得価額の7％相当額を法人税額から控除することができます（[1]事例1に掲げる**【図表4-5】**を参照）。

(3) 本事例への当てはめ

F社が取得予定の機械装置は生産ライン上の一設備であり、その取替えによって年平均の投資利益率が5％以上になれば収益力強化設備に該当するものとしてB類型を適用することができます。そこで[1]事例1と同様に、現段階では取得予定であるため、あくまでもシミュレーションとなりますが、前期実績をもとに優遇措置について試算してみると、＜**算定2-1**＞のとおり330千円の税額控除か、＜**算定2-2**＞のとおり即時償却により当初の税額より約765千円減額されることになり、F社の選択によりどちらかの優遇措置を受けることができます。

＜算定2-1＞

機械装置の取得価額：1,650千円×2台＝3,300千円

①税額控除限度額の算定

3,300千円（取得価額）×10％＝330千円

②当期（仮）税額基準額の計算

3,056千円（調整前法人税額）×20％＝611.2千円

③当期（仮）税額控除可能額

① 330 千円＜② 611.2 千円　∴ 330 千円

＜算定 2-2＞

①課税所得の再計算

前期実績の課税所得から、取得予定の機械装置の取得価額を控除（即時償却）

16,000 千円（前期課税所得）－3,300 千円（機械装置の取得価額）

＝12,700 千円（再計算後の課税所得）

②法人税額の再計算

（ⅰ）8,000 千円×15 %＝1,200 千円（中小企業者等の税率の特例）

（ⅱ）（①＝12,700 千円－8,000 千円）×23.2 %＝1,090.4 千円

（ⅲ）（ⅰ）＋（ⅱ）＝2,290.4 千円

③当初予定税額との差額

3,056 千円（前期納税実績額）－②（＝2,290.4 千円）＝765.6 千円

3　具体的な手続き

(1) 投資計画案の策定

中小企業経営強化税制のうちＢ類型の適用を検討している場合には、その取得予定の設備等が収益力強化設備としてその法人の年平均の投資利益率が５％以上となる必要があるため、まずは投資計画案を策定します。

投資計画案の策定は、経済産業局による投資計画の確認を受けるため申請書類である「中小企業等経営強化法の経営力向上設備等のうち収益力強化設備に関する投資計画の確認申請書」（以下、「確認申請書」といいます）の様式に沿って行います。確認申請書には、事業者の概況、設備等を導入する目的とこれを行う場所、そして例えば、本ケースのように工場の生産ラインの一部取替えによる生産高のアップや経費の削減の内容などその設備等の導入によってどのように事業が改善されるのかを説明していきます。また投資する設備等の内容を記載し、**＜算定 2-3＞**の形式による基準への適合状況を作成します。これをもとに**＜算式 2-4＞**に当てはめ投資利益率を算定しますが、年平均の投資利益率が５％以上になれば、取得予定の設備等は

収益力強化設備に該当することになります。

<算定 2-3　基準への適合状況>

（単位：千円）

設備導入に伴う変化額		投資年度	1	2	3	3年平均	
投資利益率	設備投資額	△ 3,300					
	売上高						
	売上原価	（減価償却以外）	△ 300	△ 300	△ 300		
		（減価償却費）	825	619	464		
	売上総利益		△ 525	△ 319	△ 164		
	販管費	（減価償却以外）					
		（減価償却費）					
	営業利益		△ 525	△ 319	△ 164		
	減価償却費		825	619	464		投資利益率
	簡易 CF	△ 3,300	300	300	300	300	9.09 %

これによる投資利益率は、以下のとおりです。年平均の投資利益率が「9.09……%≧5 %」となるため、取得予定の設備等は収益力向上設備に該当することになります。

<算式 2-4>

$$\text{投資利益率} = \frac{\text{「営業利益＋減価償却費」の増加額}}{\text{設備投資額}}$$

$$= \frac{300\text{千円}}{3{,}300\text{千円}} = 9.09\cdots\%$$

(2) 投資計画案の確認依頼と事前確認書の入手

投資計画案の確認は公認会計士又は税理士に依頼します。確認依頼は法人の規模にかかわらず必要となりますが、依頼先は自社の会計監査人や顧問税理士などである必要はありません。

投資計画案の確認依頼を受けた公認会計士又は税理士は投資計画案の確認を行いますが、その確認の対象は経済産業局へ投資計画の確認申請を行う際に提出する

「確認申請書」と、その別紙として添付される「基準への適合状況」になります。そして、公認会計士又は税理士は合意された手続きとしてこれらの記載内容を確認し、「事前確認書（手続実施結果報告書）」（以下、「事前確認書」といいます）をＦ社に交付します。

(3) 経済産業局からの投資計画に対する確認書の発行申請

事前確認書が交付されると、次に本社を管轄する経済産業局へ投資計画が記載された確認申請書に公認会計士又は税理士による事前確認書を添付して投資計画に対する確認書の発行申請を行います。経済産業局に申請を行う際には申請内容を担当者に説明する必要があるため、必ず事前に連絡して予約したうえで窓口に直接提出することになります。郵送などでの提出は受け付けてはいません。申請後はおおよそ１か月程度で確認書が交付されます。

なお、この経済産業局からの確認書の発行前に設備等の取得等をした場合にはＢ類型を適用することはできません。

(4) 経営力向上計画の策定

経済産業局からの投資計画に対する確認書が交付され、取得予定の設備等が収益力強化設備に該当することが確認できたところで、次にその設備等を経営力向上計画に記載します。経営力向上計画は単にその設備投資による生産性の向上に関する計画だけではなく、Ｆ社内部の人材育成やコスト管理などのマネジメントの向上を含めた自社における経営力を向上するための実施計画を策定する必要があります。

記載内容については、経営力向上計画を策定する各中小企業者等の実情に応じて策定することになりますが、その概要については第２章**2-A**の例示を参考にしてください。

(5) 経営力向上計画の申請と認定

次に、策定した経営力向上計画の認定を受けるため、Ｆ社が属する事業分野の主務大臣（担当省庁）に認定申請をします。Ｆ社は食料品製造業に属するため、その申請先は原則としてＦ社の本店が所在する地域の農政局長等宛となります。申請から認定までは、申請の時期にもよりますが、おおよそ30日程度を要します。

Ｆ社は設備投資の計画の初期段階であるため、Ｆ社がＢ類型の適用を受けるための今後の流れとしては、①投資計画案の策定、②これに対する公認会計士等からの事前確認書の交付、③経済産業局への投資計画に対する確認書の申請とこれに対する確認書の発行、そして④経営力向上計画の策定へと続き、これらの手続きを経たうえで⑤当事業年度内に経営力向上計画の認定を受け、その後設備等を取得する必要があるため、設備等の取得のタイミングも含めスケジュールについてしっかりと計画しておく必要があります。

なお、設備等の取得後に経営力向上計画の認定申請を行うことも例外的に認められていますが、Ｂ類型の場合には、必ず③経済産業局からの投資計画に対する確認書の発行後の設備等の取得でなければこの制度を適用することはできません。

また、経済産業局からの投資計画に対する確認書の交付と経営力向上計画の申請前との間に設備等を取得した場合であっても、設備等の取得後60日以内に経営力向上計画を申請し受理される必要があるため、当事業年度内に経営力向上計画の認定を受けることができるようスケジュールには十分留意する必要があります。

(6) 税務申告

1 事例1では税額控除の別表を作成しましたので、本ケースでは同制度の特別償却に係る付表である特別償却の付表（八）を作成してみます。なお、現段階ではＦ社は投資計画の段階であるため、用いる数値はシミュレーションとして前期の申告実績とします。また、申告に際しては、投資計画に係る認定書の写しや経営力向上計画書の写し、経営力向上計画に係る認定書の写しも申告書に添付して提出する必要があります。

中小企業者等又は中小連結法人が取得した特定経営力向上設備等の特別償却の償却限度額の計算に関する付表（措法42の12の4①、68の15の5①）

事業年度又は連結事業年度	×1・1・1 ×1・12・31	法人名	株式会社F (　　　)

特別償却の付表（八）　令二・四・一以後終了事業年度又は連結事業年度分

特別償却の種類	1	42条の12の4第1項 68条の15の5第1項	42条の12の4第1項 68条の15の5第1項	42条の12の4第1項 68条の15の5第1項
事業の種類	2	製造業		
(機械・装置の耐用年数表の番号) 特定経営力向上設備等の種類等	3	(1) 食料品製造業用設備	(　　)	(　　)
特定経営力向上設備等の名称	4	自動切身機		
設置した工場、事業所等の名称	5	××工場		
取得等年月日	6	×1・11・29	・　・	・　・
指定事業の用に供した年月日	7	×1・11・29	・　・	・　・
購入先	8	株式会社W工業		
取得価額	9	3,300,000 円	円	円
普通償却限度額	10	110,000		
特別償却限度額 (9) － (10)	11	3,190,000		
償却・準備金方式の区分	12	償却・準備金	償却・準備金	償却・準備金
適用要件等：中小企業等経営強化法第19条第1項の認定を受けた年月日	13	×1・6・30	・　・	・　・
適用要件等：経営力向上設備等の仕様、性能等判定上参考となる事項	14			
適用要件等：中小企業等経営強化法施行規則第16条第2項第2号又は第3号の設備に該当する旨の確認を受けた年月日	15	×1・5・25	・　・	・　・
適用要件等：中小企業等経営強化法施行規則第16第2項第2号又は第3号の設備に該当する旨の確認書の番号	16	×××第○○号		
適用要件等：主として電気の販売を行うために取得等をする発電設備等であるかの判定	17	該当・非該当	該当・非該当	該当・非該当
適用要件等：国際標準化機構及び国際電気標準会議の規格15408に基づく評価及び認証の有無	18	有・無	有・無	有・無

中小企業者又は中小連結法人の判定

			大規模法人の保有する株式数等の明細：順位	大規模法人		株式数又は出資金の額
発行済株式又は出資の総数又は総額	19	60,000株				
(19)のうちその有する自己の株式又は出資の総数又は総額	20		1		27	
差引(19)－(20)	21				28	
常時使用する従業員の数	22	60 人			29	
大規模法人の株式数等の保有割合：第1順位の株式数又は出資金の額 (27)	23				30	
大規模法人の株式数等の保有割合：保有割合 (23)/(21)	24	%			31	
大規模法人の株式数等の保有割合：大規模法人の保有する株式数等の計 (33)	25				32	
大規模法人の株式数等の保有割合：保有割合 (25)/(21)	26	%	計 (27)+(28)+(29)+(30)+(31)+(32)		33	

3 事例3（卸売業）中小企業経営強化税制（C類型）の活用

株式会社G（以下「G社」といいます）は、ハウスメーカーを中心に外装壁タイルや内装壁タイル、床タイルなどのタイル石材の卸売業を営む、資本金10,000千円、従業員35人の5月決算の中小企業者等です。

近年、新築住宅の着工数が減少傾向にあり、先行きに不安がある中で、拡大傾向にあるリフォーム市場に期待を寄せるとともに、最近のDIYブームにも着目し、新たに個人でも購入可能なタイルシートの販売を考えています。

しかし、新型コロナウイルス感染症の拡大と現在の消費者の購買動向の変化を考えると非対面型による通信販売が有効的ではないかと役員会においても話題となり、通信販売に向けたECサイトの構築を計画しています。

新たな事業展開への設備投資ということになりますが、中小企業者等に対する投資優遇税制の中で感染症対策にもなっているこのような設備投資に対して優遇措置を受けられるものはないのでしょうか。

なお、取得予定の設備等の価額と前期の決算の申告状況は以下のとおりで、今期も同様の申告状況になる予定です。

(1) 設備の取得価額（予定）　3,000千円

(2) 前期の決算の申告状況

①課税所得……………………25,000千円

②調整前法人税額……………5,144千円

1 回答

G社が事業の新規開拓として計画している個人向け通信販売のためのEC構築費用はソフトウェアの取得に該当するものと考えられます。

特にEC通販は、デジタル化への促進を進める非対面型ビジネスモデルとされて

おり、これに対応した設備等はデジタル化設備として「中小企業経営強化税制」のC類型を適用することが最も有利な投資優遇税制といえます。

2　解説

(1) 各設備に対する投資優遇税制の適用の可否について

G社が計画しているECサイト構築のための費用は「ソフトウェア」になると考えられますが、ソフトウェアに対して適用が可能な投資優遇税制については下記**【図表4–7】**のとおりです。

【図表4–7　資産別税制優遇措置の適用の可否】

	中小企業投資促進税制	中小企業経営強化税制			中小企業防災・減災投資促進税制	固定資産税の特例
		A類型	B類型	C類型		
ソフトウェア	○	○	○	○	×	×

ソフトウェアを取得する場合には、**【図表4–7】**のとおり「中小企業投資促進税制」あるいは「中小企業経営強化税制」のどちらかを適用できることになります。本ケースのようなECサイトの構築費用に対しては工業会等からの証明書の交付は期待できず、また工場等での生産ラインの見直しといったような要素は含まれていません。これに対し、ECサイト構築費用はソフトウェアとして中小企業投資促進税制を適用できるほか、非対面式による販売形態として遠隔操作に資するデジタル化設備としての性格を有するため、1事例1に掲げる**【図表4–4】**のとおり中小企業投資促進税制よりも有利な中小企業経営強化税制（C類型）を適用できる余地があります。

G社は、資本金の額が30,000千円以下の中小企業者等に該当するため、C類型を適用できれば即時償却又は取得価額の10％相当額の税額控除の選択適用が検討できます。

なお、ソフトウェアは「中小企業防災・減災投資促進税制」の適用対象資産からは除かれており、また無形固定資産であるため「生産性向上特別措置法による固定資産税の特例」の適用もありません。

(2) 中小企業経営強化税制（C 類型）の適用

中小企業経営強化税制を適用するためには経営力向上計画を策定する必要ありますが、このうちＣ類型を適用するには、設備等を取得する前に投資計画案を策定する必要があります。投資計画案は認定経営革新等支援機関による確認を受けたうえで本店所在地を管轄する経済産業局に申請し、その投資計画が遠隔操作・可視化・自動制御化のいずれかを目的として行われるものであることの確認書の交付を受けます。確認書の交付を受けた後は経営力向上計画を策定し、これを自社の事業分野の主務大臣（担当省庁）に認定申請して認定を受けます。

こうした手続きを踏んだ後に取得したデジタル化設備に対しては、中小企業経営強化税制の１つであるＣ類型を適用することができます。Ｃ類型では税制上の優遇措置として特別償却又は税額控除の選択適用が可能となりますが、特別償却は中小企業者等の資本金の額にかかわらず即時償却を適用することができます。一方、税額控除の適用に当たっては、中小企業者等の資本金の額が 30,000 千円以下の場合にはその設備等の取得価額の 10 ％相当額を、資本金の額が 30,000 千円超１億円以下の場合には７％相当額を法人税額から控除することができます（1 事例１に掲げる**【図表 4-5】**を参照）。

(3) 本事例への当てはめ

Ｇ社が計画している EC サイト構築のための費用はデジタル化設備に該当する可能性があり、投資の目的として遠隔操作・可視化・自動制御化のうち「遠隔操作」の要件に該当することが認められればＣ類型を適用することができます。

Ｇ社は現時点において特別償却なのか税額控除なのか、どちらの優遇措置を適用するかは分かりませんが、前期実績を参考に優遇措置の効果をシミュレーションしてみます。

＜算定 3-1＞のとおり、税額控除を適用した場合には 300 千円の優遇措置を受けることができ、**＜算定 3-2＞**のとおり、特別償却では即時償却が可能となるため当初の税額より 696 千円減額されることになります。

<算定 3-1>

ソフトウェアの取得価額：3,000 千円

① 税額控除限度額の算定

3,000 千円（取得価額）× 10 ％ = 300 千円

② 当期（仮）税額基準額の計算

5,144 千円（調整前法人税額）× 20 ％ = 1,028.8 千円

③ 当期（仮）税額控除可能額

① 300 千円 < ② 1,028.8 千円　∴ 300 千円

<算定 3-2>

① 課税所得の再計算

前期実績の課税所得から、取得予定の機械装置の取得価額を控除（即時償却）

25,000 千円（前期課税所得）－ 3,000 千円（ソフトウェアの取得価額）

＝ 22,000 千円（再計算後の課税所得）

② 法人税額の再計算

（ⅰ）8,000 千円 × 15 ％ = 1,200 千円（中小企業者等の税率の特例）

（ⅱ）（① = 22,000 千円 － 8,000 千円）× 23.2 ％ = 3,248 千円

（ⅲ）（ⅰ）+（ⅱ）= 4,448 千円

③ 当初予定税額との差額

5,144 千円（前期納税実績額）－ ②（= 4,448 千円）= 696 千円

3　具体的な手続き

(1) 投資計画案の策定

中小企業経営強化税制のうちＣ類型の適用を検討している場合、その取得予定の設備等がデジタル化設備に該当することについての投資計画案の策定が必要となります。

Ｃ類型における投資計画案は、経済産業局による投資計画の確認を受けるために提出する「中小企業等経営強化法の経営力向上設備等のうちデジタル化設備に関す

る投資計画の確認申請書」（以下、「確認申請書」といいます）の様式に沿って進めていきます。その中でも「基準への適合状況」を確認するに当たっては、B類型の投資計画案（2事例2**＜算定 2-3＞**参照）のように数字的な要素は含まれていません。

C類型の適用には、デジタル化設備への該当性として、遠隔操作・可視化・自動制御化のいずれかの要件を備えている必要があります。本ケースでは、ECサイトの構築がデジタル化設備に該当することについて、**＜算式 3-3＞**のように基準への適合状況を説明していきます。要件への該当性が認められれば、取得予定の設備等はデジタル化設備に該当することになります。

＜算定 3-3：基準への適合状況＞

投資の目的	個人消費者向けの商品販売を充実させるため、通信販売のためのECサイトを構築し、非対面型による販売形態によって販売活動の効率化による生産性の向上を目指す。	
要件への該当性	☑ 遠隔操作	店舗での対面販売ではなく、自社ホームページに商品のオンラインショップ機能を付加し、非対面型による通信販売を実現する。
	□ 可視化	
	□ 自動制御化	
投資合計額	3,000,000円	

(2) 投資計画案の確認依頼と事前確認書の入手

投資計画案の確認は認定経営革新等支援機関に依頼します。確認依頼は法人の規模にかかわらず必要となりますが、B類型とは異なり公認会計士や税理士のように資格者である必要はありません。

投資計画案の確認依頼を受けた認定経営革新等支援機関は、合意された手続きとしてG社が経済産業局に投資計画の確認申請のために作成した「確認申請書」と、その別紙として添付される「基準への適合状況」の記載内容との整合性、合理性を確認したうえで「事前確認書（手続実施結果報告書）」（以下、「事前確認書」といいます）をG社に交付します。事前確認書には特に確認者としての意見等を記載する部分はありません。

(3) 経済産業局からの投資計画に対する確認書の発行申請

上記 (2) において認定経営革新等支援機関から事前確認書の交付を受けた後は、本社を管轄する経済産業局に対し投資計画に対する確認書の発行申請をするため、確認申請書に事前確認書を添付して提出します。申請書類を提出する前には必ず提出先の経済産業局に電話で連絡をし、その後郵送します。申請後は資料の不備等がなければおおよそ1か月程度で確認書が交付されます。

なお、経済産業局からの確認書の発行前に設備等の取得等をした場合にはC類型を適用することができません。この流れはB類型と同じです。

(4) 経営力向上計画の策定

経済産業局からの投資計画に対する確認書が交付され、取得予定の設備等がデジタル化設備に該当することが確認できれば、次にその設備等を経営力向上計画に記載します。経営力向上計画はデジタル化設備の導入による生産性の向上に関する計画だけではなく、G社内部の人材育成やコスト管理などのマネジメントの向上を含めた総合的な経営力の向上に関する実施計画を策定する必要があります。

記載内容については、経営力向上計画を作成する各中小企業者等の実情に応じて策定することになりますが、その概要については第2章**2-A**の例示を参考にしてください。

(5) 経営力向上計画の申請と認定

次に、策定した経営力向上計画の認定を受けるため、G社が属する事業分野の主務大臣（担当省庁）に認定申請します。G社は卸売業（一般）に属するため、その申請先は原則としてG社の本店が所在する地域の経済産業局長等宛となります。申請から認定までは、申請の時期にもよりますが、おおよそ30日程度を要します。

なお、G社も2事例2のF社と同様に設備投資の計画の初期段階であるため、G社がC類型の適用を受けるための今後の流れについては2事例2 (5) を参照ください。

(6) 税務申告

中小企業経営強化税制の適用を受けるためには、税務申告に際して償却限度額又は控除税額の金額の計算に関する明細書（法人税等各種別表の付表又は別表）を添付して申告する必要があります。G社が特別償却又は税額控除の適用を受けるために添付すべき別表等の記載例は、特別償却を選択する場合には 2 事例2、税額控除を選択する場合には 1 事例1を参照してください。

4 事例4（建設業）資産取得後に経営力向上計画を策定した場合の中小企業経営強化税制（A類型）

株式会社H（以下「H社」といいます）は、土木工事業のうち主に下水道工事を行う資本金10,000千円、従業員30名、7月決算の中小企業者等です。

この度、パソコンの入替えを機に土木工事のための積算システムの買換えを検討しています。ソフトウェアの価格は2,000千円で、メーカーによれば中小企業経営強化税制が適用できる商品で、税制優遇の要件を満たす証明書が交付されるとのことです。

現在、前期の事業年度が終了してから2か月以上が経過した10月ですが、パソコンの入替え時期と合わせてソフトウェアの導入を今月中に行いたいと考えています。パソコンの入替え時期が近づく中でソフトウェアを急遽導入することに決定しましたが、中小企業経営強化税制の適用を受けるためには、どのような手続きが必要になるのでしょうか。

なお、投資優遇税制を適用にするに当たって当期の実績は現時点では確定しませんが、当期は前期実績と大幅な変動はないため前期実績により投資優遇税制の当期の法人税額への影響額を事前に把握したいと考えており、税制優遇が適用できるのであれば税額控除の選択を考えています。

取得予定の設備等の価額と前期の決算の申告状況は以下のとおりとなります。

(1) 設備の取得価額（予定） 2,000千円

(2) 前期の決算の申告状況

①課税所得……………………8,000千円

②調整前法人税額…………1,200千円

1 回答

本ケースでは、工業会等からの証明書の交付が確定しているため「中小企業投資

促進税制」のうちA類型の適用が可能です。なお、[1]事例1とは異なりソフトウェアは償却資産税の対象外であるため、「生産性向上特例措置法による固定資産税の特例」の適用はありません。

本ケースでは、A類型の適用要件である経営力向上計画の認定を受けられるのはソフトウェアの取得後になりそうですので、策定した経営力向上計画がその取得後60日以内に受理される必要があり、また当事業年度内にその計画の認定を受ける必要があります。

2 解説

(1) 各設備に対する投資優遇税制の適用の可否について

H社が取得を予定している設備等は「ソフトウェア」です。ソフトウェアに対して適用が可能な投資優遇税制については下記の**【図表4-8】**のとおりとなります。

【図表4-8　資産別税制優遇措置の適用の可否】

	中小企業投資促進税制	中小企業経営強化税制			中小企業防災・減災投資促進税制	固定資産税の特例
		A類型	B類型	C類型		
ソフトウェア	○	○	○	○	×	×

本ケースの場合、取得するソフトウェアについては工業会等からの証明書の交付が確定しているため、上記の**【図表4-8】**のとおり、「中小企業経営強化税制」を適用することができます。H社の場合、資本金の額が30,000千円以下の中小企業者等に該当しますので、即時償却又は取得価額の10％相当額の税額控除の選択適用が可能です。

その他「中小企業投資促進税制」を適用することもできますが、この場合に適用される特別償却又は税額控除については中小企業経営強化税制と優遇措置の内容が異なり、[1]事例1に掲げる**【図表4-4】**のとおり中小企業経営強化税制の方が税務上有利となるため、以下では設備等の取得後の経営力向上計画認定までの例外的な手続きを中心に確認することにします。

(2) 中小企業経営強化税制（A 類型）の適用

本ケースの場合、生産性向上設備に該当することにつき工業会等から証明書の交付を受けることができますが、中小企業経営強化税制のうちA類型を適用するに当たっては、その設備等を導入する前に工業会等の証明書を事前に入手し、経営力向上計画を策定してその認定を受けた後に生産性向上設備を取得することが原則的な流れとなります。

しかし、本ケースではパソコンの入替え時期が近づく中で生産性向上設備に該当するソフトウェアの取得を予定していますので、経営力向上計画の策定前に設備等を取得することが予想されます。

経営力向上計画の策定、申請、認定に当たっては、設備等の取得前にこれらを完了させておくことが原則ですが、設備等の取得後であっても、その設備等の取得後60日以内に経営力向上計画が受理され、税制上の優遇措置を適用する事業年度内にその計画の認定を受ければ、中小企業経営強化税制の適用が例外的に認められています。この例外措置に関しては、後述する「3　具体的な手続き」に沿って進めていく必要があります。

(3) 本事例への当てはめ

H社が取得予定のソフトウェアは中小企業経営強化税制のうちA類型が適用できますが、ソフトウェアの取得後に経営力向上計画を申請し、認定を受ける流れになるため、認定までの日程に一定の制約を受けることになります。問題なく手続きが進んだ場合には、H社が考えている中小企業経営強化税制の税額控除の適用を受けることができることになります。税額控除については、その事業年度の法人税額の20％相当額とする上限が設けられていますが、**＜算定 3-1＞**のとおり前期実績からすれば、税額控除限度額の全額が控除できそうです。

＜算定 3-1＞

ソフトウェアの取得価額：2,000 千円

①税額控除限度額の算定

2,000 千円（取得価額）×10％＝200 千円

②当期（仮）税額基準額の計算

1,200千円(調整前法人税額)×20％＝240千円
③当期（仮）税額控除可能額
①200千円＜②240千円　∴200千円

3　具体的な手続き

(1) 工業会等の証明書を入手

H社が取得予定のソフトウェアは既に工業会等から証明書が交付されるとのことですので、まずは工業会等からの証明書を入手します。

なお、工業会等からの証明書は設備メーカー等による申請から交付まで数日～2か月程度要する場合がありますので、経営力向上計画の認定申請前に設備等の取得を予定している場合には早めに証明書の交付を受けることが必要です。

(2) 経営力向上計画の策定

本ケースの場合、経営力向上計画の認定申請に先行して設備等を取得することになりますが、設備投資の計画は設備等の取得前に決定されているのが通常であるため、経営力向上計画は大まかには策定されているものと思われます。ただ、申請に際しては日程的な制約があることに加え、経営力向上計画は単にその設備投資による生産性の向上に関する計画だけではなく、H社内部における人材育成やコスト管理などのマネジメントの向上を含めた、自社における経営力を向上するための実施計画も策定する必要があるため、限られた期間内でしっかりと計画が策定できるようスケジュールには十分留意すべきです。

(3) 経営力向上計画の申請と認定

経営力向上計画の認定申請前に設備等を取得した場合には、その取得の日から60日以内に主務大臣に対し経営力向上計画を申請し、これが受理される必要があります。あくまでも受理されればよく、認定を受けることまでは求められていません。また、受理された経営力向上計画の認定を受けることでH社は中小企業経営強化税制のうちA類型を適用することができますが、経営力向上計画の認定は必ず税制上の優遇措置を適用する事業年度内に受ける必要があるため、ここにおいても日程的

な制約を受けることから、本ケースのような場合にはスケジュール管理に十分注意が必要となります。

(4) 税務申告

経営力向上計画が認定されれば、あとは法人税の申告に際し税制上の優遇措置を受けるための要件を確認し、税務申告をします。

H社は税額控除の適用を選択する予定ですが、現時点では決算が未確定のため、あくまでもシミュレーションとして前期の申告実績により税務申告の手続きを確認することにします。

中小企業経営強化税制における税額控除の適用を受けるためには、確定申告書に別表六（二十三）を添付することになります。前期の申告実績による別表の内容は以下のとおりとなりますが、申告に際しては、工業会等からの証明書の写しや経営力向上計画書の写し、その計画に係る認定書の写しも申告書に添付して提出する必要があります。

中小企業者等が特定経営力向上設備等を取得した場合の法人税額の特別控除に関する明細書

事業年度	×1・8・1 ×2・7・31	法人名	株式会社H

別表六(二十三) 令二・四・一以後終了事業年度分

事業種目		1	建設業				
資産区分	種類	2	無形減価償却資産				
	設備の種類又は区分	3	ソフトウエア				
	細目	4	その他のもの				
	取得年月日	5	×1・10・30	・ ・	・ ・	・ ・	・ ・
	指定事業の用に供した年月日	6	×1・10・30	・ ・	・ ・	・ ・	・ ・
取得価額	取得価額又は製作価額	7	円 2,000,000	円	円	円	円
	法人税法上の圧縮記帳による積立金計上額	8					
	差引改定取得価額 (7)－(8)	9	2,000,000				

法人税額の特別控除額の計算

当期分	取得価額の合計額 ((9)の合計)	10	円 2,000,000	前期繰越分	差引当期税額基準額残額 (14)－(15)－(別表六(十四)「19」)－(別表六(二十二)「19」)	18	円
	同上のうち特定中小企業者等に係る額	11	2,000,000		繰越税額控除限度超過額 (24の計)	19	
	税額控除限度額 $((10)-(11))\times\frac{7}{100}+(11)\times\frac{10}{100}$	12	200,000		同上のうち当期繰越税額控除可能額 ((18)と(19)のうち少ない金額)	20	
	調整前法人税額 (別表一「2」又は別表一の三「2」若しくは「14」)	13	1,200,000		調整前法人税額超過構成額 (別表六(六)「7の⑲」)	21	
	当期税額基準額 $(13)\times\frac{20}{100}$－(別表六(十四)「14」)－(別表六(二十二)「14」)	14	240,000		当期繰越税額控除額 (20)－(21)	22	
	当期税額控除可能額 ((12)と(14)のうち少ない金額)	15	200,000				
	調整前法人税額超過構成額 (別表六(六)「7の⑳」)	16					
	当期税額控除額 (15)－(16)	17	200,000	法人税額の特別控除額 (17)＋(22)		23	200,000

翌期繰越税額控除限度超過額の計算

事業年度又は連結事業年度	前期繰越額又は当期税額控除限度額 24	当期控除可能額 25	翌期繰越額 (24)－(25) 26
・ ・ ・ ・	円	円	
・ ・ ・ ・			外 円
計		(20)	
当期分	(12) 200,000	(15) 200,000	外 0
合計			

機械設備等の概要

一般社団法人情報サービス産業協会より特定経営力向上設備等の「生産性向上設備(A類型)」に該当する旨の仕様、性能等の証明書の交付（××-○○-○○○）を受けている（別紙添付）。

5 事例5（製造業）経営力向上計画の提出を失念したことによる他の制度の活用の検討

株式会社Ｉ（以下「Ｉ社」といいます）は、特殊鋼を切断、加工する、資本金48,000千円、従業員40人、３月決算の中小企業者等です。

工場で使用しているコンプレッサーの取替えを検討していたところ、業者より、「中小企業経営強化税制」のＡ類型の対象となる商品を取り扱っており、工業会等からの証明書の交付も早急に手続きをすると言われたため、決算ということもあって１月中旬に2,000千円で取得し、使用を開始しています。

取得してから２か月が経過し、決算間近となりましたが、業者が薦めてくれた「中小企業経営強化税制」の適用を受けるためには、決算に向けてどのような手続きをすれば良いのでしょうか。

なお、取得した設備等の価額と当期の決算予測は以下のとおりです。

(1) 設備の取得価額　2,000千円（耐用年数５年、定率法）

(2) 当期の決算の申告予測

①課税所得…………………7,000千円

②調整前法人税額…………1,050千円

1 回答

Ｉ社はＡ類型の適用対象の設備等を１月中旬に取得しましたが、その後取得から60日以内に経営力向上計画を主務大臣に申請し受理されていないため「中小企業経営強化税制」の適用を受けることはできません。

しかし、コンプレッサーは機械及び装置に該当しますので、たとえ「中小企業経営強化税制」の適用を受けることができない場合であっても、他の税制上の優遇措置の適用を検討できる余地があります。

2 解説

(1) 各設備に対する投資優遇税制の適用の可否について

I社が取得を予定している設備等は「機械及び装置」となります。機械及び装置に対して適用が可能な投資優遇税制については下記の**【図表 4-9】**のとおりとなります。

【図表 4-9 資産別税制優遇措置の適用の可否】

	中小企業投資促進税制	中小企業経営強化税制			中小企業防災・減災投資促進税制	固定資産税の特例
		A 類型	B 類型	C 類型		
機械及び装置	○	○	○	○	○	○

中小企業経営強化税制の適用に当たっては、原則として取得前に経営力向上計画の認定を受ける必要があります。また、本ケースのように経営力向上計画の申請前に生産性向上設備を取得している場合には、その取得後60日以内に経営力向上計画を主務大臣に申請してこれが受理され、事業年度内に認定を受ければ中小企業経営強化税制の適用を受けることができましたが、I社は経営力向上計画の申請を失念したことで「中小企業経営強化税制」の適用を受けることができません。また、既に設備等を取得しているため、「中小企業防災・減災投資促進税制」及び「生産性向上特別措置法による固定資産の特例」も適用することができません。但し、I社が取得した設備は機械及び装置であるため、上記の**【図表 4-9】**のとおり「中小企業投資促進税制」を選択することができます。とはいえ、下記の**【図表 4-10】**のとおり税制上の優遇措置の効果は大幅に薄れることになります。

【図表 4-10 投資促進税制と経営強化税制との比較】

	中小企業 投資促進税制	中小企業 経営強化税制
特別償却	30%	100% (即時)
税額控除	—	取得価額の 7%相当額

<資本金の額が3,000万円超1億円以下の場合>

I社は資本金の額が48,000千円であるため、1事例1に掲げる**【図表4-4】**とは異なり、中小企業投資促進税制の適用に当たっては税額控除を適用することはできません。

(2) 中小企業投資促進税制の適用

【図表4-10】のとおり、I社の場合には資本金の額が48,000千円で特定中小企業者等に該当しないため中小企業投資促進税制においては税額控除を選択することはできません。また、特別償却を選択した場合であっても、その設備等の取得価額の30％相当額の特別償却が適用されることになります。

(3) 本事例への当てはめ

本ケースでは経営力向上計画の申請を失念したことで中小企業経営強化税制の適用が受けられません。そこで、経営力向上計画の申請を失念したことによる影響をここで確認することにします。

まずは、中小企業投資促進税制と中小企業経営強化税制における特別償却を適用した場合の影響について比較することにします。納税額では180千円の差額が生じることになります。

＜算定4-1　中小企業投資促進税制での特別償却＞

機械装置の取得価額：2,000千円

①償却額の計算

（ⅰ）普通償却

2,000千円×0.4(償却率)×3月／12月＝200千円

（ⅱ）特別償却

2,000千円×30％＝600千円

（ⅲ）当期償却額

（ⅰ）+（ⅱ）＝800千円

②課税所得の再計算

当期予測の課税所得から、①の償却額を控除

7,000千円－800千円＝6,200千円

③法人税額の再計算

6,200千円×15％＝930千円

＜算定4-2　中小企業経営強化税制での特別償却＞

機械装置の取得価額：2,000千円

①課税所得の再計算

当期予測の課税所得から、機械装置の取得価額を控除（即時償却）

7,000千円－2,000千円＝5,000千円

③法人税額の再計算

5,000千円×15％＝750千円

次に、税額控除を選択した場合の納税額を＜**算定4-3**＞にて計算してみます。この適用が可能であった場合には140千円が調整前法人税額から控除できたことになります。

＜算定4-3　中小企業経営強化税制での税額控除＞

［課税所得］：7,000千円、［法人税額］：1,050千円

①税額控除限度額

機械装置2,000千円

∴税額控除額＝2,000千円×7％＝140千円

②当期税額基準額

1,050千円（調整前法人税額）×20％＝210千円

③当期税額控除可能額

①＜②　∴140千円

④優遇措置適用後の法人税額

調整前法人税額1,050千円－③＝910千円

ここでは、法人税についてのみ比較してみましたが、もし、取得前に先端設備等導入計画の認定を受けていれば、償却資産税においても特例措置の適用が可能であったため、税額への影響はより大きなものになります。

3　具体的な手続き

「中小企業投資促進税制」の適用に当たっては、他の投資優遇税制とは異なり、税制上の優遇措置を受けるための諸手続きは特に必要ありません。中小企業投資促進税制の適用に当たっての手続きとしては、特別償却を選択適用する場合には特別償却の付表（二）を添付し、税額控除を選択適用する場合には別表六（十四）を申告の際に添付するということになります。

本ケースでは、中小企業投資促進税制を適用する場合であってもＩ社の資本金の額が30,000千円を超えるため税額控除を選択する余地はありません。そこで、ここでは特別償却を適用するため特別償却の付表（二）を作成します。

中小企業者等又は中小連結法人が取得した機械等の特別償却の償却限度額の計算に関する付表（措法42の6①、68の11①）

事業年度又は連結事業年度	X1・4・1 X2・3・31	法人名	株式会社I (　　　)

特別償却の付表(二)　令二・四・一以後終了事業年度又は連結事業年度分

特定機械装置等の区分	1	42条の6第1項（○） 68条の11第1項 (1)号	42条の6第1項 68条の11第1項 (　)号	42条の6第1項 68条の11第1項 (　)号
事業の種類	2	製造業		
(機械・装置の耐用年数表の番号) 対象資産の種類等	3	(　　　) 鉄鋼業用設備	(　　　)	(　　　)
対象資産の名称	4	コンプレッサー		
設置した工場、事業所等の名称	5	○○工場		
取得等年月日	6	×2・1・15	・　・	・　・
事業の用に供した年月日	7	×2・1・15	・　・	・　・
購入先	8	××工業株式会社		
取得価額	9	2,000,000 円	円	円
基準取得価額割合	10	75又は100（100に○）/100	75又は100/100	75又は100/100
基準取得価額 (9)×(10)	11	2,000,000 円	円	円
特別償却率	12	30/100	30/100	30/100
特別償却限度額 (11)×(12)	13	600,000 円	円	円
償却・準備金方式の区分	14	償却（○）・準備金	償却・準備金	償却・準備金
適用要件等：国際標準化機構及び国際電気標準会議の規格15408に基づく評価及び認証の有無	15	有・無	有・無	有・無
適用要件等：当期における特定の工具又は特定のソフトウエアの取得価額の合計額	16	円	円	円
適用要件等：その他参考となる事項	17			

中小企業者又は中小連結法人の判定

発行済株式又は出資の総数又は総額	18	96,000株
(18)のうちその有する自己の株式又は出資の総数又は総額	19	
差引(18)−(19)	20	
常時使用する従業員の数	21	40 人
大規模法人の株式数等の保有割合：第1順位の株式数又は出資金の額 (26)	22	
大規模法人の株式数等の保有割合：保有割合 (22)/(20)	23	%
大規模法人の株式数等の保有割合：大規模法人の保有する株式数等の計 (32)	24	
大規模法人の株式数等の保有割合：保有割合 (24)/(20)	25	%

大規模法人の保有する株式数等の明細

順位	大規模法人		株式数又は出資金の額
1		26	
		27	
		28	
		29	
		30	
		31	
計 (26)+(27)+(28)+(29)+(30)+(31)		32	

6 事例6（卸売業）経営力向上計画の実施期間終了直前の設備投資

J株式会社（以下「J社」といいます）は、消防機材等の卸売業を営む、資本金10,000千円、従業員10人の5月決算の中小企業者等です。

当社では得意先や仕入先が多く、債権債務の管理に当たっては先代から引き継いだ当社独自のシステムを利用しています。しかし、今後の取引先の増加や次々とアップグレードされるパソコンとの連携を考えると、そろそろ新たな販売管理システムの導入が必要だと考えています。

そんな中、いくつかのパンフレットを取り寄せて検討していたところ、当社でも3年ほど前に適用を受けた中小企業経営強化税制のうちA類型の対象となるソフト（取得価額800千円）があることがわかりました。

そこで、過去に認定を受けた経営力向上計画を見返してみると、3年間の計画の実施期間が終了する約1か月前であることが判明しました。今から工業会等に証明書の交付を依頼したところで、実施期間中に設備等の追加による申請が間に合いそうにありません。

このような場合、どのような手続きをすればA類型を適用して税額控除を受けることができるでしょうか。

1 回答

J社では現在のところ経営力向上計画の実施期間中ですが，新たな設備投資に向け、工業会等への証明書の交付依頼や設備等の取得にも至っていません。そのため、中小企業経営強化税制の適用を受けるには実施期間終了の日までに実施期間延長のための変更申請をするか、改めて実施期間の終了の日の翌日以後を実施期間の開始日とする経営力向上計画の新規申請をするかのいずれかになります。

2　解説

(1) 各設備に対する投資優遇税制の適用の可否について

J社が取得する予定の販売管理システムは「ソフトウェア」に該当します。ソフトウェアに対して適用が可能な投資優遇税制については下記の**【図表4-11】**のようになります。

【図表4-11　資産別税制優遇措置の適用の可否】

	中小企業投資促進税制	中小企業経営強化税制			中小企業防災・減災投資促進税制	固定資産税の特例
		A類型	B類型	C類型		
ソフトウェア	○	○	○	○	×	×

【図表4-11】のとおり、ソフトウェアは、J社が適用を受けようと検討している「中小企業経営強化税制」（A類型）以外にも「中小企業投資促進税制」の適用を受けることができます。しかし、J社は資本金の額が30,000千円以下であるため、[1]事例1の**【図表4-4】**で検討したように中小企業経営強化税制を適用できると、中小企業投資促進税制に比べ、より設備投資に対する優遇措置の恩恵を受けることができます。

(2) 経営力向上計画の変更申請

既に経営力向上計画の認定を受けている中小企業者等が、設備等の追加取得などによって計画を変更しようとするときは、その認定を受けた主務大臣から改めて変更の認定を受ける必要があります。

変更申請をするに当たっては、「変更申請書」とともに変更後の経営力向上計画や実施状況報告書、認定済みの経営力向上計画の写しと当時の認定書の写し、変更申請用チェックシート等の書類を添付します。

変更する経営力向上計画は既に認定を受けた計画を修正する形で策定を進めていきますが、変更した箇所や追加した部分に下線を引いて変更点を分かりやすく作成していきます。また、「実施状況報告書」には既に認定を受けた経営力向上計画に対するこれまで達成状況等を記載していきますが、未着手、未達成であっても変更申請の認定に影響することはないでしょう。なお、J社のように中小企業経営強化税制におけるA類型の適用を受けようとする場合には、併せて工業会等の証明書の添付が必要です。

(3) 本事例への当てはめ

J社が取得を予定しているソフトウェアについては工業会等からの証明書が交付されるため、中小企業経営強化税制のうちA類型を適用することができることになります。J社ではA類型が適用できれば税額控除を選択する予定であるため、その事業年度の法人税額の20％相当額を上限に80千円（＝取得価額800千円×10％）の税額控除が可能となります。なお、これに代えて中小企業投資促進税制を選択する場合には、同様にその事業年度の法人税額の20％相当額が上限ですが56千円（＝取得価額800千円×7％）の税額控除となり、優遇措置の効果が薄れるため、J社では当ソフトウェアの内容が記載された経営力向上計画の認定を改めて受けておきたいものです。

3　具体的な手続き

既に経営力向上計画の認定を受けている中小企業者等が取得予定の設備等に対し、その計画の実施期間内に変更申請と認定を受けることができれば、問題なく中小企業経営強化税制を適用することができるでしょう。

しかし、**【図表4-12】**のように新たに取得する設備等を追加するための変更申請（以下、「設備変更申請」といいます）に係る認定が、既に認定を受けた経営力向上計画（以下、「旧計画」といいます）の実施期間を超えてしまう場合、たとえ旧計画の実施期間内に設備等を取得していたとしても旧計画の実施期間は終了してしまっているため、設備変更申請は認められないことになります。

【図表4-12　設備変更申請の具体例（認められないケース）】

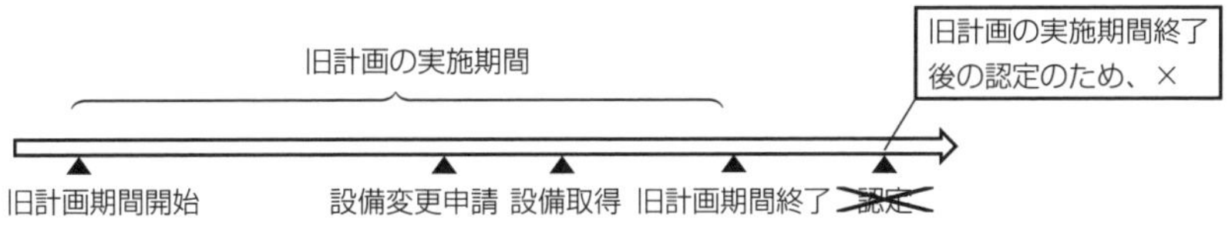

そこで、本ケースのように、A類型の適用が可能な設備等の取得のタイミングが

旧計画の実施期間終了の日の近くとなりそうな場合には、次のいずれかの手続きが必要となるでしょう。

(1) 実施期間延長のための変更申請

J社のように旧計画の実施期間を3年としている場合、将来的に新たな設備を取得する計画があるかどうかを問わず、旧計画の実施期間終了の日前までに延長のための変更申請（以下、「延長変更申請」といいます）によって、実施期間をさらに1年又は2年間延長することができます。つまり、延長変更申請により旧計画の実施期間開始から4年又は5年に実施期間を延長することができることになりますが、実施期間を5年以上にすることはできません。延長変更申請の認定後、改めてその認定を受けた経営力向上計画（以下、「新計画」といいます）の実施期間内に設備変更申請をして新たに設備等を取得すれば、A類型の適用を受けることができます。

また、**【図表 4-12】**のように旧計画の実施期間内に設備等を取得するものの、設備変更申請の認定が旧計画の実施期間終了後になりそうな場合には、**【図表 4-13】**のように設備変更申請とともに延長変更申請を併せて行っておく必要があります。

【図表 4-13　設備変更申請の具体例（延長変更申請を同時に申請するケース）】

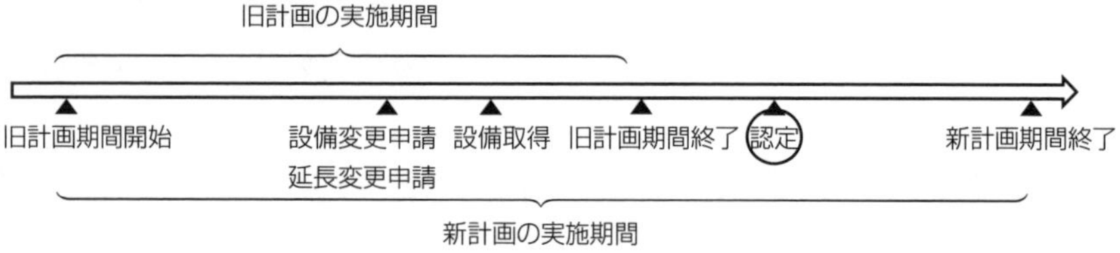

(2) 新計画の新規申請

設備等の取得が旧計画の実施期間終了後になることがはっきりしている場合には、再度の新規申請をすることも1つの方法であると考えられます。新規申請は、旧計画の実施期間終了前でも申請することはできますが、**【図表 4-14】**のように旧計画の実施期間と新計画の実施期間が重複しないように新計画を策定する必要があります。

なお、再度の新規申請で策定する新計画は、旧計画で策定した実施事項とほぼ同じような内容になっても特に問題はないでしょう。

【図表 4-14　再度の新規申請の具体例】

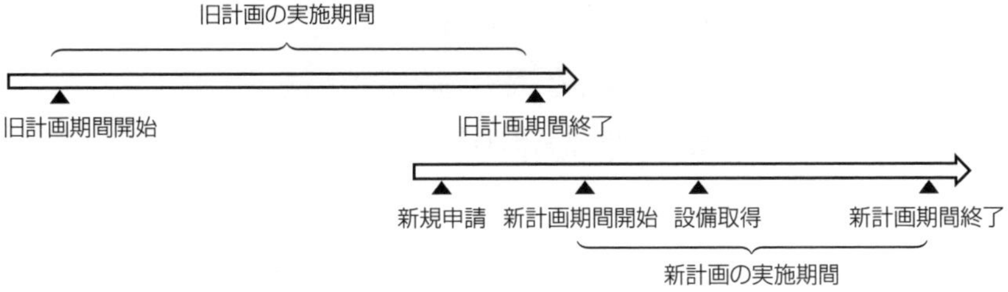

(3) 税務申告

中小企業経営強化税制のうちＡ類型の税額控除の適用を受ける場合の申告手続きについては、1事例１の「3 具体的な手続き」(4) を参照してください。

なお、本ケースにおいてＡ類型の適用対象資産はソフトウェアであるため「生産性向上特別措置法による固定資産税の特例」の適用はありません。

7 事例7（小売業）中小企業防災・減災投資促進税制の活用

有限会社K（以下「K社」といいます）は、惣菜店を経営する、資本金3,000千円、従業員12人の8月決算の中小企業者等です。

昨年の秋、K社の本店がある○○県を大型の台風が襲い、近隣に甚大な被害をもたらしました。当社でもこの台風に伴う豪雨により店舗内に水が流れ込みましたが、水量がわずかだったため翌日から通常営業に戻ることができました。

今回は大きな被害を免れましたが、近年各地でも多くみられる集中豪雨などにより、当社の近くを流れる▽▽川が決壊して大量の土砂が流れ込み、冷蔵庫や調理器具などが浸水すれば、営業再開までには長期間を要することが予測されます。

そこで、当社では店舗への浸水による水害を少しでも軽減するため、台風の到来シーズン前の7月には店舗入口に止水板を設置したいと考えており、業者から提案された見積金額でいつでも発注できる状態です。自然災害が多発している昨今、災害に備えた設備等の設置に関し税制上の優遇措置はあるかと思うのですが、いかがでしょうか。

なお、取得予定の設備等の価額と前期の決算の申告状況は以下のとおりで、今期もそれほど大きな変動はなさそうです。

(1) 設備の取得価額（予定）　止水板　1,200千円（耐用年数8年、定額法）

(2) 前期の決算の申告状況

①課税所得……………………………5,000千円

②調整前法人税額……………………750千円

1 回答

本ケースで取得予定の設備等は止水板であり、これは本税制による優遇措置を受

けられる設備一覧の中で「建物附属設備」として例示されています。また、本ケースのような設備の取得は、自然災害等への事前対策を強化することを目的としているため、事業継続力強化計画の認定を前提に「中小企業防災・減災投資促進税制」を適用することができます。

2 解説

(1) 各設備に対する投資優遇税制の適用の可否

K 社が取得予定の止水板は「建物附属設備」に該当しますが、建物附属設備に対して適用が可能な投資優遇税制については下記の**【図表 4-15】**のとおりです。

【図表 4-15 資産別税制優遇措置の適用の可否】

	中小企業投資促進税制	中小企業経営強化税制			中小企業防災・減災投資促進税制	固定資産税の特例
		A 類型	B 類型	C 類型		
建物附属設備	×	○	○	○	○	○

【図表 4-15】のとおり、建物附属設備の取得に対しては、「中小企業投資促進税制」以外の投資優遇税制を適用できる可能性があります。また、建物附属設備に対して適用が可能な各投資優遇税制における取得価額基準は、全て「一が 60 万円以上」とされているため、本ケースで取得する設備等を取得価額だけで判断すれば多くの投資優遇税制を適用できる余地があります。しかし、本ケースの場合、あくまでも設備等の取得の目的が自然災害に対する事前の備えにあり、労働生産性の向上に資するものではないため、経営力向上計画や先端設備等導入計画を策定することは困難といえるでしょう。

(2) 中小企業防災・減災投資促進税制の適用

「中小企業防災・減災投資促進税制」の適用を受けるためには、事業継続力強化計画の認定を受ける必要があります。本税制では、認定を受けた事業継続力強化計画に従って取得した特定事業継続力強化設備等に対し、その取得価額の 20 %相当額の特別償却を適用することができます。ただ、設備等の取得のタイミングについては、必ず事業継続力強化計画の認定を受けた後となり、例外は認められていないため注意が必要です。なお、中小企業防災・減災投資促進税制では、他の投資促進税制のように税額控除の選択肢はありません。

(3) 本事例への当てはめ

K 社は近年増加する大規模災害に備え、特に水災への事前対策として止水板の設置を予定しています。

K 社は設備等を取得する前に、事業継続力強化計画を策定しその認定を受けるため、K 社を管轄する経済産業局に認定申請をし、その計画の認定を受ければ「中小企業防災・減災投資促進税制」による特別償却の適用を受けることができます。

この制度における優遇措置は、特定事業継続力強化設備等の取得価額の 20 %相当額の特別償却のみであるため、優遇措置としてはそれほど大きな効果があるとはいいきれませんが、特別償却の部分は月割計算する必要がないため、普通償却額も含めれば**＜算定5-1＞**のとおり当初の納税額より約40千円減少することになります。

＜算定 5-1＞

建物附属設備の取得価額：800 千円

① 償却額の計算

（ⅰ）普通償却

1,200 千円×0.125(償却率)×2 月／12 月＝25 千円

（ⅱ）特別償却

1,200 千円×20 %＝240 千円

（ⅲ）当期償却額

（ⅰ）+（ⅱ）＝265 千円

② 課税所得の再計算

当期予測の課税所得から、①の償却額を控除

5,000 千円－265 千円＝4,735 千円

③ 法人税額の再計算

4,735 千円×15 %＝710.25 千円

3　具体的な手続き

(1) 事業継続力強化計画の策定

中小企業防災・減災投資促進税制の適用を検討している場合、その取得予定の設備等が事業継続力強化計画に従って取得等された特定事業継続力強化設備等に該当する必要があります。そのため、まずは事業継続力強化計画を策定する必要がありますが、計画を策定するに当たってはＫ社において予測される災害リスクを認識しながら、これに対する防災・減災対策への取組みを考察していきます。そして、その取組みに必要な設備等に対して中小企業防災・減災投資促進税制の適用を受けるため、計画にはこれらの設備等の導入に関する必要事項を記載していきます。

なお、本ケースの事例に即した事業継続力強化計画は第２章6において例示しています。

(2) 事業継続力強化計画の申請と認定

次に、策定した事業継続力強化計画の認定を受けるため、Ｋ社の本店所在地を管轄する経済産業局に認定申請をします。申請に際しては、中小企業経営強化税制におけるＢ類型やＣ類型の投資計画案のように認定経営革新等支援機関などによる事前確認を依頼する必要はありません。申請から認定までは、申請の時期にもよりますが、おおよそ45日程度を要します。認定を受けた場合には、申請先の経済産業局から認定通知書と計画申請書の写しが交付されます。

なお、設備等の取得のタイミングについては事業継続力強化計画の認定後となり、例外は認められていないため注意が必要です。

(3) 税務申告

認定を受けた事業継続力強化計画に従って取得した特定事業継続力強化設備等に対しては、中小企業防災・減災投資促進税制における特別償却を適用することができますが、申告に当たっては確定申告書に特別償却の付表（十五）を添付します。本ケースの場合、事業継続力強化計画の認定後は既に見積書を依頼した業者に設備等を発注する予定で進めているため、申告に際して作成する付表の内容は以下のとおりとなる見込みで、減価償却については別表十六（一）を添付します。

なお、申告においては認定を受けた事業継続力強化計画やその認定書、計画申請書等の写しなどの書類の添付は不要となっていますが、税務調査等において確認されることも想定されるため、しっかりと保管しておく必要があります。

特定事業継続力強化設備等の特別償却の償却限度額の計算に関する付表（措法44の2①、68の20①）

事業年度又は連結事業年度	×2・ 9・ 1 ×3・ 8・31	法人名	有限会社Ｋ （　　　）

特別償却の付表（十五）　令二・四・一以後終了事業年度又は連結事業年度分

（機械・装置の耐用年数表の番号） 特定事業継続力強化設備等の種類等	1	（　　　） 建物附属設備	（　　　）	（　　　）
特定事業継続力強化設備等の名称	2	止水板		
取得等年月日	3	令×3・ 7・15	・　・	・　・
事業の用に供した年月日	4	令×3・ 7・15	・　・	・　・
購入先	5	株式会社△△工業		
取得価額	6	1,200,000 円	円	円
特別償却率	7	$\frac{20}{100}$	$\frac{20}{100}$	$\frac{20}{100}$
特別償却限度額 (6) × (7)	8	240,000 円	円	円
償却・準備金方式の区分	9	（償却）・準備金	償却・準備金	償却・準備金
適用要件等：中小企業等経営強化法の事業継続力強化計画又は連携事業継続力強化計画の認定を受けた日 （計画の区分）	10	令×3・ 6・30 (事業継続力強化計画)	・　・ （　　　）	・　・ （　　　）
適用要件等：事業の用に供した特定事業継続力強化設備等の仕様、性能、型式等判定上参考となる事項	11	止水板／WG-120		

中小企業者又は中小連結法人の判定

発行済株式又は出資の総数又は総額	12	60	順位	大規模法人	株式数又は出資金の額
(12)のうちその有する自己の株式又は出資の総数又は総額	13		1	20	
差引(12)−(13)	14	60		21	
常時使用する従業員の数	15	12 人		22	
大規模法人の株式数等の保有割合：第１順位の株式数又は出資金の額 (20)	16			23	
大規模法人の株式数等の保有割合：保有割合 $\frac{(16)}{(14)}$	17	%		24	
大規模法人の株式数等の保有割合：大規模法人の保有する株式数等の計 (26)	18			25	
大規模法人の株式数等の保有割合：保有割合 $\frac{(18)}{(14)}$	19	%	計 (20)＋(21)＋(22)＋(23)＋(24)＋(25)	26	

（大規模法人の保有する株式数等の明細）

8 事例8（製造業）生産性向上特別措置法による固定資産税の特例

［1］事例1のとおり、E株式会社（以下「E社」といいます）は、プラスチック製品の加工を行う資本金20,000千円、従業員36人、3月決算の中小企業者等です。

新たに取得予定の真空成形機に対し工業会等から証明書が交付されれば今期の予定納税額に大幅な減税効果があるため、経営力向上計画の認定を受けるつもりです。認定された経営力向上計画に従って取得した設備に対しては、以前、償却資産税の特例の適用も受けられたと記憶していますが、変わらず固定資産税の軽減措置はあるのでしょうか。

1 回答

取得予定の設備等に対し工業会等からの証明書が交付される場合、中小企業経営強化税制におけるA類型とともに償却資産税の軽減措置の適用を受けることができる可能性があります。

従前の「(旧) 生産性向上のための固定資産税の特例」では、中小企業経営強化税制におけるA類型を適用するために策定した経営力向上計画の認定を受けた場合、その認定計画に基づいて取得した設備等については、一定の要件のもと償却資産税を3年度にわたり2分の1に軽減することができる措置を同時に適用することができました。

しかし、平成30年税制改正によって（旧）生産性向上のための固定資産税の特例が廃止され、「生産性向上特別措置法による固定資産税の特例」（以下、「固定資産税の特例」といいます）が新たに創設されたことで、中小企業経営強化税制によるA類型の適用ための手続きとは別に、固定資産税の特例の適用ための手続きが必要となりました。

2　解説

(1) 各設備に対する投資優遇税制の適用の可否

1事例1のとおり、E社が取得を予定している真空成形機は「機械及び装置」に該当するものと思われますが、1で確認したとおり機械及び装置に対して適用が可能な投資優遇税制については**【図表 4-16】**のようになります。

【図表 4-16　資産別税制優遇措置の適用の可否】

	中小企業投資促進税制	中小企業経営強化税制			中小企業防災・減災投資促進税制	固定資産税の特例
		A 類型	B 類型	C 類型		
機械及び装置	○	○	○	○	○	○

【図表 4-16】のとおり、機械及び装置は中小企業向け投資促進税制の全てにおいて優遇措置を適用できる可能性があります。E社はこれらの税制上のうち法人税では最も有利となる中小企業経営強化税制の適用を検討していますので、法人税でA類型を適用できるのであれば、併せて地方税の「固定資産税の特例」も検討するべきでしょう。

(2) 生産性向上特別措置法による固定資産税の特例

「固定資産税の特例」は、各市区町村の策定する導入促進基本計画によって適用対象となる設備等が異なるため、取得する設備等につきその適用の可否を事前に確認する必要があります。償却資産税の特例が適用される場合には、固定資産税が3年度にわたり、各市町村の条例に定める割合によってゼロから2分の1の範囲内で軽減されます。

また、固定資産税の特例では、令和2年4月30日の地方税法改正により適用対象に事業用家屋と構築物が追加されたことで、建物に対しても税制上の優遇措置を受けることができるようになったことは特徴的な制度といえるでしょう。

固定資産税の特例の適用を受けるためには、先端設備等を取得する前に、中小企業者等が策定した先端設備等導入計画の認定をその導入する市区町村から受ける必要があります。

(3) 本事例への当てはめ

E社が取得を予定している真空成形機に対しては、工業会等から証明書が交付されるため、これを設置する市区町村から先端設備等導入計画の認定を受けることで償却資産税の軽減措置の適用を受けることができる可能性があります。軽減割合は各市町村によって異なりますが、償却資産税の課税標準が3年度にわたりゼロから2分の1の割合に軽減されます。なお、認定申請に当たっては導入する設備等が各市町村の策定する「導入促進基本計画」に適合するかどうか事前に確認しておく必要があります。

3 具体的な手続き

(1) 工業会等の証明書を入手

E社は真空成形機の取得に当たり、経営力向上計画にも必要となる工業会等からの証明書が交付されることを確認し、これを入手します。証明書が交付されれば、中小企業経営強化税制上の生産性向上設備等に該当するとともに、固定資産税の軽減措置の対象となる先端設備等にも該当することにもなるため、償却資産税の優遇措置を受けるための手続きへと進みます。

(2) 先端設備等導入計画の策定

固定資産税の特例の適用を受けるには、中小企業経営強化税制の適用を受けるための経営力向上計画とは別に「先端設備等導入計画」を策定し、これを先端設備等の所在する市区町村に申請して認定を受ける必要があります。

先端設備等導入計画に記載すべき内容については、経営力向上計画に記載する内容と重複する部分もあるため、これを流用しながら策定を進めることもできるでしょう。

なお、策定した先端設備等導入計画は、各市区町村に申請する前に認定経営革新等支援機関による事前確認を要します。本ケースの事例に即した先端設備等導入計画及び認定経営革新等支援機関による確認書は第2章[4]において例示しています。

(3) 先端設備等導入計画の申請と認定

先端設備等は先端設備等導入計画の認定後に取得することが必須となっています。経営力向上計画の認定のように設備等の取得後に計画申請を認めるような例外規定はありません。

工業会等からの証明書の提出については、その取得が申請や認定までに間に合わなかった場合には、認定後から賦課期日（1月1日）までに事後的に追加提出すれば、3年度にわたり軽減措置の適用は受けられます。なお、工業会等の証明書の追加提出が賦課期日を経過した場合には、初年度においては特例を受けることができませんが、翌年度以降の2年度は軽減措置の適用を受けることができます。

(4) 税務申告

償却資産税の申告期限は毎年1月31日です。税務申告に際しては、納税書類とともに、生産性向上特別措置法に基づいて取得した先端設備等の内容を記載するための「固定資産税（償却資産）の課税標準特例適用申請書」を提出します。申請書の名称や様式は各市区町村によって異なりますが、これ以外に、工業会等の証明書や認定を受けた計画の写し、認定書の写し、認定経営革新等支援機関による確認書の写しなど、提出先の市区町村が求める書類を添付します。

9 事例9（不動産業）繰越税額控除限度超過額の活用

株式会社L（以下「L社」といいます）は、建設業を営む、資本金20,000千円、従業員65人の3月決算の中小企業者等です。

当社は、本社以外に○○県とその隣県の△△県その他いくつかの県に営業所を有していますが、この度、○○営業所と△△営業所を統合することにしました。○○営業所にはL社所有の社宅があり、その全室を○○営業所の従業員が使用していましたが、今般の統合により全員退室することになりました。

社宅としていたアパートは数年前に新築したばかりのため、今後は従業員以外への賃貸用として入居者を募集することにしました。全室空室になったことと、当社のアパート周辺は他にも賃貸マンションやアパートが多いため、空き室対策の一環として太陽光発電システムの設置を考えています。

アパートの屋根に設置される太陽光発電システムにより発電される電力は、各戸の宅内消費用や共用部分の照明等のために供給し、余剰電力があれば売電も考えています。

当社の本業は建設業です。アパート賃貸となれば不動産賃貸業に該当するかと思いますが、この業種では適用できる投資優遇税制は少なく、取得する予定の太陽光発電システムも工業会等による証明書の交付は対象外となっているようです。不動産賃貸業であっても税額控除が適用できるような税制上の優遇措置はあるのでしょうか。

なお、取得予定の設備の価額と前期の申告状況は以下のとおりで、当期、来期ともに利益が大きく変動することはないと思っています。

(1) 設備の取得価額　12,000千円

(2) 前期の決算の申告状況

①課税所得…………18,000千円

②調整前法人税額….3,520千円

1 回答

不動産業は従来まで「中小企業投資促進税制」の指定事業から除外されていましたが、令和３年度税制改正おいて「商業・サービス業・農林水産業活性化税制」が廃止されたことでその指定事業に追加されています。不動産業は、廃止された商業・サービス業・農林水産業活性化税制を適用するうえで使い勝手が良かった部分もありましたが、商業・サービス業・農林水産業活性化税制では「機械及び装置」は適用対象資産からは除外されていました。

しかし、令和３年度税制改正により、本ケースのように不動産業であっても機械及び装置を取得した場合には中小企業投資促進税制を適用することができるようになったと考えられます。

2 解説

(1) 各設備に対する投資優遇税制の適用の可否について

Ｌ社が取得した太陽光発電設備は「機械及び装置」に該当しますが、機械及び装置に対して適用が可能な投資優遇税制については下記の**【図表4-17】**のとおりです。

【図表 4-17　資産別税制優遇措置の適用の可否】

	中小企業投資促進税制	中小企業経営強化税制			中小企業防災・減災投資促進税制	固定資産税の特例
		A 類型	B 類型	C 類型		
機械及び装置	○	○	○	○	○	○

機械及び装置は、これまで見てきたように全ての投資促進税制を適用できる可能性があります。しかし、本ケースの場合、取得した設備に対し工業会等からの証明書が交付されないため中小企業経営強化税制における A 類型を適用することはできません。また、Ｌ社は既に設備等を取得しているため、計画認定を前提としている中小企業投資促進税制以外の投資促進税制を適用することはできません。

そこで、唯一適用の可能性が残る中小企業投資促進税制についてですが、その適用に当たってはその設備等が供される事業は指定事業に限定されています。令和３年度税制改正によって、中小企業投資促進税制における指定事業に「不動産業」が追加されましたが、本ケースのような不動産賃貸業がこれに含まれるかどうかは明らかではありません。また、中小企業投資促進税制では特定機械装置等についてこれが貸付けの用に供される場合には、この制度を適用することができません。

この点、指定事業に関しては、あくまでも「不動産業」としてあえて日本標準産業分類の大分類で区分していることや、飲食店業のように括弧書き等によって不動産賃貸業を除外していないことから判断すれば、不動産賃貸業は指定事業に含まれることになると考えられます。

なお、本ケースの太陽光発電設備が貸付けの用に供されているかどうかについてですが、太陽光発電設備から発電される電力の利用のコントロールがＬ社側にあるような場合には、賃借人による専属的な使用に供されているとはいいきれない部分もあるため、貸付けの用に供されている場合には該当しないのではないかとも考えられます。但し、発電した電力に対する売電割合などは具体的に示されているわけではありませんが、例えば発電された電力量の 50 ％を超える部分を売電するような場合、太陽光発電設備は中小企業投資促進税制の指定事業に該当しない「電気業」の用に供されていることになる可能性があるため注意が必要です。

(2) 中小企業投資促進税制の適用

「中小企業投資促進税制」の適用に当たっては、他の投資促進税制とは異なり一定の投資計画等の策定や事前認定などの手続きを要しません。

また中小企業投資促進税制では、下記**【図表 4-18】**のとおり、資本金の額によって選択適用できる優遇措置は異なりますが、Ｌ社の資本金の額は 20,000 千円であるため、その取得価額の７％相当額の税額控除を選択適用することができます。

【図表 4-18　中小企業投資促進税制の資本金の額等による比較】

	資本金の額等	
	3,000 万円以下	3,000 万円超 1 億円以下
特別償却	取得価額の 30 ％相当額	
税額控除	取得価額の７％相当額	―

(3) 本事例への当てはめ

本ケースでは、L社の資本金の額は30,000千円以下であるため「中小企業投資促進税制」の適用を受ける場合には、取得する設備等の取得価額の30％相当額の特別償却又はその取得価額の7％相当額の税額控除のいずれかを適用することができます。L社は、設備投資による優遇税制の適用が受けられる場合には税額控除の選択適用を考えているため、本ケースでは税額控除を選択するものとして進めます。

税額控除の適用に当たっては**＜算定9-1＞**のとおりとなりますが、本ケースでは税額控除限度額が当期税額基準額を超え繰越税額控除限度超過額が生じるパターンとなります。繰越税額控除限度超過額は一定の手続きにより翌年度の法人税額から控除することができますが、L社では翌年度も黒字が続く予想のため当期に繰越税額控除限度超過額が生じても翌期にこれを活用できそうです。

＜算定9-1＞

機械装置の取得価額：12,000千円

① 税額控除限度額の算定

12,000千円(取得価額)×7％＝840千円

② 当期税額基準額の計算

3,520千円(調整前法人税額)×20％＝704千円

③ 当期税額控除可能額

①840千円＞②704千円　∴704千円

④ 繰越税額控除限度超過額

①840千円－②704千円＝136千円

3 具体的な手続き

(1) 中小企業投資促進税制の適用のための手続き

中小企業投資促進税制の適用に当たっては、他の投資優遇税制のような設備等の取得までのスケジュールによる制約はありません。中小企業投資促進税制による優遇措置の適用を受けるためには、本ケースの場合では、取得した特定機械装置等に関する税額控除額の計算のための別表を確定申告書等に添付するだけとなります。

なお、税額控除に代えて特別償却を選択適用する場合においても償却限度額の計算に関する明細書（付表）を添付するのみとなります。

(2) 税務申告

本ケースでは税額控除を選択していますので、法人税の申告に当たっては申告書に「中小企業者等が機械等を取得した場合の法人税額の特別控除に関する明細書」（別表六（十四））を添付します。これ以外には追加で添付すべき書類等はありません。

本ケースの場合、当事業年度において税額控除限度額がその事業年度の法人税額の 20 %相当額を超過しています。この超過部分については繰越税額控除限度超過額として翌年度に繰り越すことができるため、別表六（十四）において繰越し処理を行います。この別表の記載内容と、下段「翌期繰越税額控除限度額超過額の計算」の記載事項については次のようになります。

別表六(十四) 令二・四・一以後終了事業年度分

中小企業者等が機械等を取得した場合の法人税額の特別控除に関する明細書

事業年度	×2・4・1 ×3・3・31	法人名	株式会社L

措法第42条の6第1項各号の該当号		1	第 1 号	第 号	第 号	第 号	第 号
事業種目		2	不動産賃貸業				
資産区分	種類	3	機械及び装置				
	機械装置等の名称	4	太陽光発電設備				
	取得年月日	5	×2・9・14	・ ・	・ ・	・ ・	・ ・
	指定事業の用に供した年月日	6	×2・9・14	・ ・	・ ・	・ ・	・ ・
取得価額	取得価額又は製作価額	7	円 12,000,000	円	円	円	円
	法人税法上の圧縮記帳による積立金計上額	8	0				
	差引改定取得価額 ((7) − (8)) 又は (((7) − (8)) × 75/100)	9	12,000,000				

法人税額の特別控除額の計算

当期分	取得価額の合計額 ((9)の合計)	10	12,000,000 円	前期繰越分	差引当期税額基準額残額 (13) − (14) − (別表六(二十二)「14」) − (別表六(二十三)「15」)	17	円
	税額控除限度額 (10) × 7/100	11	840,000		繰越税額控除限度超過額 (23の計)	18	
	調整前法人税額 (別表一「2」又は別表一の三「2」若しくは「14」)	12	3,520,000		同上のうち当期繰越税額控除可能額 ((17)と(18)のうち少ない金額)	19	
	当期税額基準額 (12) × 20/100	13	704,000		調整前法人税額超過構成額 (別表六(六)「7の⑥」)	20	
	当期税額控除可能額 ((11)と(13)のうち少ない金額)	14	704,000		当期繰越税額控除額 (19) − (20)	21	
	調整前法人税額超過構成額 (別表六(六)「7の⑦」)	15	0				
	当期税額控除額 (14) − (15)	16	704,000	法人税額の特別控除額 (16) + (21)		22	704,000

翌期繰越税額控除限度超過額の計算

事業年度又は連結事業年度	前期繰越額又は当期税額控除限度額 23	当期控除可能額 24	翌期繰越額 (23) − (24) 25
・ ・ ・ ・	円	円	
・ ・ ・ ・			外 円
計		(19)	
当期分	(11) 840,000	(14) 704,000	外 136,000
合計			136,000

機械装置等の概要

当該特定機械装置等は、当社が○○県に所有する賃貸用アパートに設置し、賃借人の宅内消費用等のほか、余剰電力については電力会社へ売電している。

10 事例10（貨物運送業）複数の投資促進税制の活用

M株式会社（以下「M社」といいます）は、一般貨物自動車運送事業を営む、資本金10,000千円、従業員95人の3月決算の中小企業者等です。

当社では貨物用の4トントラックを古いものから毎期周期的に1台ずつ入れ替えており、その都度「中小企業投資促進税制」の税額控除の適用を受けてきましたが、前期の申告においては繰越税額控除限度超過額が生じています。

今期のトラックの入替えに関しては、通常の4トン車7,000千円の入替えに加え、今期末から始まった大型受注のため10トン車15,000千円を増車して既に配送を開始しています。

また、業務の効率化を目指し、これとは別にGPSを利用した運行管理システムの導入を決定しました。このシステムは可視化によるデジタル化設備に該当するものとして投資計画の確認を受けたうえで経営力向上計画の認定を受け、計画のとおりにこれを3,000千円で取得し、今期中に運用を開始しています。

このように、今期は多額の出費となり、税制上の優遇措置として税額控除の適用を受けたいと思っています。トラックの取得に当たっては例年どおり「中小企業投資促進税制」の適用を受け、運行管理システムについては「中小企業経営強化税制」のうちC類型を適用したいと考えています。これら2つの異なる優遇措置を受ける場合に気を付けることはありますか。

なお、取得した設備等の価額と当期の決算の申告状況は以下のとおりです。

(1) 設備の取得価額

設備の取得価額	4トントラック	7,000千円
	10トントラック	15,000千円
	運行管理システム	3,000千円

(2) 当期の決算の申告状況

①課税所得……………………………45,000千円

②調整前法人税額…………………9,700千円

③繰越税額控除限度超過額………120 千円

1 回答

貨物用のトラックについては4トン車、10トン車ともに普通自動車に該当するため「中小企業投資促進税制」が適用できます。また、運行管理システムについてはデジタル化設備として投資計画の確認を受け、その後経営力向上計画の認定も受けていますので「中小企業経営強化税制」のＣ類型を適用することができます。本ケースでは、同じ事業年度内に中小企業投資促進税制と中小企業経営強化税制における税額控除を同時に適用するため、これら２つの優遇措置による税額控除を合計した当期税額控除可能額が当期税額基準額による制約を受ける可能性があることに留意する必要があります。

2 解説

(1) 各設備に対する投資優遇税制の適用の可否について

Ｍ社が取得したトラックは、「車両及び運搬具」のうち普通自動車で貨物の運送の用に供されるものに該当します。またＭ社は業務効率化の観点から運行管理システムを導入していますが、これはシステム構築された「ソフトウェア」に該当することになります。これらの設備等に対して適用が可能な投資優遇税制は下記の**【図表 4-19】**のとおりです。

【図表 4-19　資産別税制優遇措置の適用の可否】

	中小企業投資促進税制	中小企業経営強化税制			中小企業防災・減災投資促進税制	固定資産税の特例
		Ａ類型	Ｂ類型	Ｃ類型		
車両運搬具（貨物自動車）	○	×	×	×	×	×
ソフトウェア	○	○	○	○	×	×

【図表 4-19】のとおり、車両運搬具のうち貨物自動車に該当する普通自動車は「中小企業投資促進税制」を適用することができます。なお、貨物自動車に対して

適用が可能な投資優遇税制は中小企業投資促進税制のみで、また貨物自動車以外の車両及び運搬具にはその取得に際して適用できる投資優遇税制はありません。

「ソフトウェア」に関しては、これまで確認してきたとおり中小企業投資促進税制と中小企業経営強化税制以外の投資促進税制を適用することはできません。なお、本ケースでは取得したソフトウェアはデジタル化設備に該当する要件をクリアしているため、中小企業投資促進税制よりも税制上有利な中小企業経営強化税制のうちC類型の適用を受けることができます。

(2) 中小企業投資促進税制の適用

「中小企業投資促進税制」の適用に当たっては、他の投資優遇税制とは異なり設備等の取得に際し事前に投資計画等の確認や申請、認定などの諸手続きが必要となるなどの要件はありません。

中小企業投資促進税制では、9事例9**【図表4-18】**のとおりその取得価額の30％相当額の特別償却又はその取得価額の7％相当額の税額控除が選択できます。なお、税額控除に関しては資本金の額等により選択の制限がありますが、M社は資本金の額が10,000千円であるため、税額控除の選択が可能です。

(3) 中小企業経営強化税制（C類型）の適用

「中小企業経営強化税制」のうちC類型を適用するに当たっては、その取得する設備等が遠隔操作、可視化、自動制御化を可能にする投資計画にとって必要なものであることにつき経済産業局から確認を受ける必要があります。また、確認を受けた設備等に対してはこれを記載した経営力向上計画を策定して認定を受ける必要もあります。

これらの手続きを踏んだうえで中小企業経営強化税制のC類型が適用できることになりますが、中小企業経営強化税制では中小企業者等の資本金の額にかかわらず即時償却又は税額控除の選択適用が可能となります。税額控除の割合については資本金の額により異なりますが、資本金の額によるそれぞれの適用範囲は1事例1**【図表4-5】**のとおりです。M社は資本金の額が10,000千円であるため、税額控除を選択した場合、設備等の取得価額の10％相当額の税額控除が可能となります。

(4) 2つの優遇措置に対する税額控除の制限

中小企業投資促進税制と中小企業経営強化税制のうちどちらも税額控除を同時に適用する場合には、これら2つの投資優遇税制に限り、それぞれの税額控除の合計額がその事業年度の法人税額の20％相当額を超えるときは、その超える部分の金額についてはその事業年度の法人税額からは控除することができません。本ケースのように、同一事業年度に中小企業投資促進税制の税額控除と中小企業経営強化税制の税額控除とを同時に選択する場合には注意が必要です。

(5) 本事例への当てはめ

本ケースではM社の資本金の額は30,000千円以下のため、「中小企業投資促進税制」、「中小企業経営強化税制」ともに税額控除の適用を受けることができます。

また、本ケースでは、前期の中小企業投資促進税制の適用に当たり繰越税額控除限度超過額が生じています。そして、本ケースのように中小企業投資促進税制と中小企業経営強化税制の2つの税制上の優遇措置として税額控除の適用を受ける場合で繰越税額控除限度超過額があるような場合には、まず、前事業年度において繰越税額控除限度超過額が生じていない投資優遇税制から税額控除を計算することになります。つまり、本ケースでは**＜算式10-1＞**のように前期に繰越税額控除限度超過額が生じていない「中小企業経営強化税制」から税額控除の額を計算し、**＜算定10-2＞**において中小企業経営強化税制における税額控除の金額と前期の繰越税額控除限度超過額を加味して「中小企業投資促進税制」における税額控除の金額を算定します。

なお、本ケースでは税額控除の計算の結果、前期の繰越税額控除限度超過額120千円のうち20千円が切り捨てられることになりました。

＜算定10-1：中小企業経営強化税制における税額控除＞

ソフトウェアの取得価額：3,000千円

① 税額控除限度額の算定

3,000千円（取得価額）×10％＝300千円

② 当期税額基準額の計算

9,700千円（調整前法人税額）×20％＝1,940千円

③　当期税額控除可能額

①300千円＜②1,940千円　∴300千円

＜算定10-2：中小企業投資促進税制における税額控除＞

貨物自動車の取得価額

（ⅰ）4t車：7,000千円

（ⅱ）10t車：15,000千円

（ⅲ）（ⅰ）+（ⅱ）＝22,000千円

①　税額控除限度額の算定

22,000千円（取得価額）×7％＝1,540千円

②　当期税額基準額の計算

（ⅰ）9,700千円（調整前法人税額）×20％＝1,940千円

（ⅱ）＜算定10-1＞による税額控除の金額＝300千円

（ⅲ）（ⅰ）−（ⅱ）＝1,640千円

③　当期税額控除可能額

①1,540千円＜②1,640千円　∴1,540千円

④　前期繰越分

（ⅰ）120千円

（ⅱ）②−③＝100千円

（ⅲ）（ⅰ）＞（ⅱ）　∴100千円

⑤　税額控除の額

③＋④＝1,640千円

3　具体的な手続き

(1) 中小企業投資促進税制の適用のための手続き

中小企業投資促進税制の適用に当たっては、他の投資優遇税制のように設備等の取得につき一定の期間内での事前の諸手続き等は必要ありません。必要な手続きとしては、税務申告に当たって、税務控除の適用を選択する場合には別表六（十四）、特別償却の適用を選択する場合には当別償却の付表（二）にそれぞれ必要事項を記

載して申告書に添付するだけということになります。

(2) 投資計画の確認と経営力向上計画の認定

中小企業経営強化税制のうちC類型の適用を受けるためには、取得する設備等がデジタル化設備として遠隔化、可視化、自動制御化のいずれかを実現する投資計画案を策定し、これを経済産業局に申請し確認を受ける必要があります。本ケースの事例に即した申請のための確認申請書は第2章 2-C において例示しています。なお、デジタル化設備の取得は必ずこの経済産業局による投資計画の確認後でなければなりません。

経済産業局によって投資計画に関する確認書の交付を受けた後は、経営力向上計画を策定し、これに対し自社の事業分野の主務大臣（担当省庁）からの認定を受けます。M社は一般貨物自動車運送事業を営む事業者ですので、その本店を管轄する運輸局長宛に申請することになります。

(3) 税務申告

本ケースでは、「中小企業投資促進税制」と「中小企業経営強化税制」の2つの投資優遇税制に対しその優遇措置として税額控除を選択していますので、法人税の申告に当たっては申告書にそれぞれ「中小企業者等が機械を取得した場合の法人税額の特別控除に関する明細書」（別表六（十四））と「中小企業者等が特定経営力向上設備等を取得した場合の法人税額の特別控除に関する明細書」（別表六（二十三））を添付することになります。その他の書類として、中小企業経営強化税制の適用に当たり経営力向上計画の写しと経営力向上計画に係る認定書の写しを添付して申告します。

なお、本ケースの場合、中小企業投資促進税制の適用に当たって前事業年度から繰り越された繰越税額控除限度超過額があるため、法人税額の特別控除の計算において「前期繰越分」欄を記載し、繰越税額控除限度超過額を当事業年度の税額控除に反映させます。

それぞれの別表の記載内容は以下のとおりですが、別表の作成に際しては前事業年度において繰越税額控除限度超過額が生じていない投資優遇税制のものから作成していきます。

別表六(二十三)　令二・四・一以後終了事業年度分

中小企業者等が特定経営力向上設備等を取得した場合の法人税額の特別控除に関する明細書

事業年度	×3・4・1 ×4・3・31	法人名	M 株式会社

区分	項目	No.					
	事業種目	1	道路貨物運送業				
資産区分	種類	2	ソフトウェア				
	設備の種類又は区分	3					
	細目	4					
	取得年月日	5	×3・6・25	・・	・・	・・	・・
	指定事業の用に供した年月日	6	×3・6・25	・・	・・	・・	・・
取得価額	取得価額又は製作価額	7	円 3,000,000	円	円	円	円
	法人税法上の圧縮記帳による積立金計上額	8					
	差引改定取得価額 (7)−(8)	9	3,000,000				

法人税額の特別控除額の計算

区分	項目	No.	金額	区分	項目	No.	金額
当期分	取得価額の合計額 ((9)の合計)	10	円 3,000,000	前期繰越分	差引当期税額基準額残額 (14)−(15)−(別表六(十四)「19」)−(別表六(二十二)「19」)	18	円
	同上のうち特定中小企業者等に係る額	11	3,000,000		繰越税額控除限度超過額 (24の計)	19	
	税額控除限度額 $((10)-(11))\times\frac{7}{100}+(11)\times\frac{10}{100}$	12	300,000		同上のうち当期繰越税額控除可能額 ((18)と(19)のうち少ない金額)	20	
	調整前法人税額 (別表一「2」又は別表一の三「2」若しくは「14」)	13	9,700,000		調整前法人税額超過構成額 (別表六(六)「7の⑲」)	21	
	当期税額基準額 $(13)\times\frac{20}{100}$−(別表六(十四)「14」)−(別表六(二十二)「14」)	14	1,940,000		当期繰越税額控除額 (20)−(21)	22	
	当期税額控除可能額 ((12)と(14)のうち少ない金額)	15	300,000				
	調整前法人税額超過構成額 (別表六(六)「7の⑳」)	16					
	当期税額控除額 (15)−(16)	17	300,000		法人税額の特別控除額 (17)+(22)	23	300,000

翌期繰越税額控除限度超過額の計算

事業年度又は連結事業年度	前期繰越額又は当期税額控除限度額 24	当期控除可能額 25	翌期繰越額 (24)−(25) 26
・・ ・・	円	円	
・・ ・・			外 円
計		(20)	
当期分	(12) 300,000	(15) 300,000	外 0
合計			

機械設備等の概要

当該ソフトウェアはデジタル化設備に該当することにつき×3年6月1日に経済産業大臣より確認を受けている（別紙添付）。

中小企業者等が機械等を取得した場合の法人税額の特別控除に関する明細書

事業年度	×3・4・1 ×4・3・31	法人名	M 株式会社

別表六(十四) 令二・四・一以後終了事業年度分

措法第42条の6第1項各号の該当号		1	第 3 号	第 3 号	第　号	第　号	第　号
事業種目		2	道路貨物運送業	道路貨物運送業			
資産区分	種類	3	車両及び運搬具	車両及び運搬具			
	機械装置等の名称	4	貨物自動車	貨物自動車			
	取得年月日	5	×3・ 7・17	×4・ 2・15	・　・	・　・	・　・
	指定事業の用に供した年月日	6	×3・ 7・17	×4・ 2・15	・　・	・　・	・　・
取得価額	取得価額又は製作価額	7	円 7,000,000	円 15,000,000	円	円	円
	法人税法上の圧縮記帳による積立金計上額	8					
	差引改定取得価額 ((7)－(8))又は(((7)－(8))× $\frac{75}{100}$)	9	7,000,000	15,000,000			

法人税額の特別控除額の計算

当期分	取得価額の合計額 ((9)の合計)	10	円 22,000,000	前期繰越分	差引当期税額基準額残額 (13)－(14)－(別表六(二十二)「14」)－(別表六(二十三)「15」)	17	円 100,000
	税額控除限度額 (10)× $\frac{7}{100}$	11	1,540,000		繰越税額控除限度超過額 (23の計)	18	120,000
	調整前法人税額 (別表一「2」又は別表一の三「2」若しくは「14」)	12	9,700,000		同上のうち当期繰越税額控除可能額 ((17)と(18)のうち少ない金額)	19	100,000
	当期税額基準額 (12)× $\frac{20}{100}$	13	1,940,000		調整前法人税額超過構成額 (別表六(六)「7の⑥」)	20	
	当期税額控除可能額 ((11)と(13)のうち少ない金額)	14	1,540,000		当期繰越税額控除額 (19)－(20)	21	100,000
	調整前法人税額超過構成額 (別表六(六)「7の⑦」)	15		法人税額の特別控除額 (16)＋(21)		22	1,640,000
	当期税額控除額 (14)－(15)	16	1,540,000				

翌期繰越税額控除限度超過額の計算

事業年度又は連結事業年度	前期繰越額又は当期税額控除限度額	当期控除可能額	翌期繰越額 (23)－(24)
	23	24	25
×2・ 4・1 ×3・ 3・31	円 120,000	円 100,000	
・　・ ・　・			外　円
計	120,000	(19) 100,000	0
当期分	(11) 1,540,000	(14) 1,540,000	外 0
合計			0

機械装置等の概要

措置法42条の6第2項の特定中小企業者等に該当。
貨物の輸送の用に供される普通自動車で車両総重量が、それぞれ7.99tと24.98tの車両運搬具。

11 事例11（生活関連サービス業）特別償却の活用

株式会社N（以下「N社」といいます）は、都内に2店舗の美容院を展開する、資本金10,000千円、従業員25人、3月決算の中小企業者等です。

近年の人手不足の影響もあって当社でも新規採用に苦労しています。そこで、今まで新人が担当していたシャンプーの過程を自動洗髪機の導入により少しでも人手不足を解消しようと考えていました。業者からはちょうどA類型が適用できる自動洗髪機が販売された（仮構）とのことで、工業会等から証明書が交付され、経営力向上計画も策定してその認定も受けたうえで自動洗髪機2台を10月から導入しています。

当期の利益は派遣社員を多く取り入れ人件費がかさんだ影響もあって、課税所得は欠損となっています。また、来期には3店舗目の出店を予定しているため、小物や道具などの消耗品の購入や広告費の増加により連続して課税所得は欠損となりそうです。ただ、来々期は3店舗目の出店予定場所の立地が非常に良く、大幅な売上増となり利益の回復も見込めそうです。

当期に導入した設備については、中小企業経営強化税制のA類型が適用できますが、当期は課税所得が欠損となるため、経営力向上計画の認定を受けたとしても何ら税制優遇の恩恵は受けられないのでしょうか。

なお、取得した設備等の価額と当期の決算の申告状況は以下のとおりです。

(1) 設備の取得価額　1,350千円×2台＝2,700千円（耐用年数5年、定率法）

(2) 当期の決算の申告状況

①課税所得 ……………△3,000千円（優遇措置適用前）

②調整前法人税額……………0千円

1　回答

N社が導入した自動洗髪機は理・美容機器として「器具及び備品」に該当するものと思われます。N社は「中小企業経営強化税制」の適用要件を満たすための手続きも完了し、資本金の額も30,000千円以下のため即時償却又は税額控除を適用することができます。しかし、当期は課税所得が欠損となり、また来期も欠損となる見込みであるため税額控除の恩恵は受けられません。そこで、来々期の利益回復に期待し、即時償却を選択し、繰越欠損金を活用することが有効的であると思われます。

なお、本ケースでは中小企業経営強化税制のうちA類型の適用ができるため、同時に「生産性向上特例措置法による固定資産税の特例」（以下「固定資産税の特例」といいます）を適用できる可能性があります。

2　解説

(1) 各設備に対する投資優遇税制の適用の可否について

N社が取得した設備等は「器具及び備品」に該当すると考えられます。器具及び備品に対して適用が可能な投資優遇税制については下記の**【図表4-20】**のとおりです。

【図表4-20　資産別税制優遇措置の適用の可否】

	中小企業投資促進税制	中小企業経営強化税制			中小企業防災・減災投資促進税制	固定資産税の特例
		A類型	B類型	C類型		
器具及び備品	×	○	○	○	○	○

器具及び備品は比較的取得する機会が多い固定資産といえますが、**【図表4-20】**のとおり、「中小企業投資促進税制」の適用を受けることができません。

(2) 繰越欠損金の活用

A類型の税制上の優遇措置のうち税額控除を選択適用すれば繰越税額控除限度超過額として当事業年度の税額控除限度額を超える部分を翌事業年度に繰り越すことはできますが、N社の場合、翌事業年度においても欠損となる見込みであるためその効果はありません。これに対し、特別償却は課税所得にかかわらず適用することができるため、当事業年度に即時償却を実現させ、欠損金として繰り越すことで翌事業年度以降の各事業年度の所得の金額の計算において損金算入させることができます。

(3) 生産性向上特別措置による固定資産税の特例の適用

償却資産税の課税標準はその課税の対象となる償却資産の価額が基礎となりますので、法人税の課税所得に影響されることなく課税の対象となります。

そのため、たとえ法人税において課税所得が生じていない場合であっても、先端設備等導入計画を策定することで償却資産税の優遇措置である「固定資産税の特例」を受けるため一定の手続きを検討する必要があります。固定資産税の特例が適用される場合には、固定資産税が3年度にわたりゼロから2分の1に軽減されます。

なお、適用に当たっては事前に導入する設備がその導入先の各市区町村の策定する「導入促進基本計画」に適合するか否かについて確認しておく必要があります。

(4) 本事例への当てはめ

N社は、当事業年度が欠損で、翌事業年度も欠損となる見込みであるため税額控除を選択しても繰越税額控除限度超過額は1年で期限切れとなってしまうため法人税に対する効果はありません。また、特別償却においても1年に限り繰り越すことは可能ですが、繰り越すためには別表にこれを記載するなどの手続きが必要で、本ケースの場合それほど有効的であるとはいえません。そこで、翌々事業年度以降のN社の利益回復時に効果を発揮するため当事業年度において即時償却を実現してこれを欠損金とし、この欠損金を繰り越すことで翌々事業年度以降にわたって損金算入することにします。

中小企業経営強化税制における特別償却は即時償却ができるため、翌期以降に繰り越す欠損金は＜**算定 11-1**＞のとおり 5,700 千円となります。

＜算定 11-1＞

器具及び備品の取得価額：1,350 千円×2＝2,700 千円

①普通償却限度額

2,700千円(取得価額)×0.4(償却率)×6月／12月＝540千円

②特別償却限度額

2,700千円(取得価額)－540千円(＝①)＝2,160千円

③当期償却額

①＋②＝2,700千円

④当期における課税所得

（ⅰ）償却前の課税所得　△3,000千円

（ⅱ）当期償却額　2,700千円

（ⅲ）（ⅰ）－（ⅱ）＝△5,700千円

3　具体的な手続き

(1) 経営力向上計画の策定と申請、認定

本ケースでは経営力向上計画の認定を既に受けています。中小企業経営強化税制の適用に当たってはこれまでの事例での「3 具体的な手続き」のとおり、A類型では、まず工業会等から証明書を入手して設備等の要件の確認をしたうえで経営力向上計画の策定、申請、認定までの手続きを要します。経営力向上計画の認定は、中小企業経営強化税制を適用する事業年度内に完了する必要がありますので、スケジュールには十分留意する必要があります。

(2) 即時償却のための税務申告

課税所得が欠損となる場合であっても中小企業経営強化税制の優遇措置である即時償却の適用を受けることができるため、申告に当たっては特別償却の付表（八）を添付する必要があります。なお、本ケースでは税額控除を選択していませんが、同様に課税所得が欠損であっても繰越税額控除限度超過額として翌事業年度に税額控除限度額を繰り越すためには必ず別表六（二十三）を添付する必要があります。

本ケースでは即時償却を選択していますので、特別償却の付表を添付することになりますが、その記載内容は次のとおりになります。また、減価償却については別表十六（二）の添付を要するとともに、欠損金の繰り越しには別表七（一）を添付します。

中小企業者等又は中小連結法人が取得した特定経営力向上設備等の特別償却の償却限度額の計算に関する付表（措法42の12の4①、68の15の5①）

事業年度又は連結事業年度	×1・4・1 ×2・3・31	法人名	株式会社N （　　）

特別償却の付表（八）　令二・四・一以後終了事業年度又は連結事業年度分

特別償却の種類	1	42条の12の4第1項 68条の15の5第1項	42条の12の4第1項 68条の15の5第1項	42条の12の4第1項 68条の15の5第1項
事業の種類	2	生活関連サービス業		
（機械・装置の耐用年数表の番号） 特定経営力向上設備等の種類等	3	（　　） 器具及び備品	（　　）	（　　）
特定経営力向上設備等の名称	4	自動洗髪機		
設置した工場、事業所等の名称	5	T店		
取得等年月日	6	×1・10・25	・　・	・　・
指定事業の用に供した年月日	7	×1・10・25	・　・	・　・
購入先	8	R株式会社		
取得価額	9	2,700,000 円	円	円
普通償却限度額	10	540,000		
特別償却限度額 (9)－(10)	11	2,160,000		
償却・準備金方式の区分	12	償却・準備金	償却・準備金	償却・準備金
適用要件等：中小企業等経営強化法第19条第1項の認定を受けた年月日	13	×1・7・31	・　・	・　・
適用要件等：経営力向上設備等の仕様、性能等判定上参考となる事項	14	××—○○○○		
適用要件等：中小企業等経営強化法施行規則第16条第2項第2号又は第3号の設備に該当する旨の確認を受けた年月日	15	・　・	・　・	・　・
適用要件等：中小企業等経営強化法施行規則第16第2項第2号又は第3号の設備に該当する旨の確認書の番号	16			
適用要件等：主として電気の販売を行うために取得等をする発電設備等であるかの判定	17	該当・非該当	該当・非該当	該当・非該当
適用要件等：国際標準化機構及び国際電気標準会議の規格15408に基づく評価及び認証の有無	18	有・無	有・無	有・無

中小企業者又は中小連結法人の判定

発行済株式又は出資の総数又は総額	19	200株
(19)のうちその有する自己の株式又は出資の総数又は総額	20	
差引(19)－(20)	21	
常時使用する従業員の数	22	25 人
大規模法人の株式数等の保有割合：第1順位の株式数又は出資金の額 (27)	23	
大規模法人の株式数等の保有割合：保有割合 (23)/(21)	24	%
大規模法人の株式数等の保有割合：大規模法人の保有する株式数等の計 (33)	25	
大規模法人の株式数等の保有割合：保有割合 (25)/(21)	26	%

大規模法人の保有する株式数等の明細

順位	大規模法人		株式数又は出資金の額
1		27	
		28	
		29	
		30	
		31	
		32	
	計 (27)+(28)+(29)+(30)+(31)+(32)	33	

12 事例12（飲食業）優遇措置の有効活用

株式会社P（以下「P社」といいます）は、イタリアンレストランを数店舗経営する、資本金30,000千円、従業員80人の8月決算の中小企業者等です。

当事業年度の6月に店舗の改装を実施し、今まで使用してきたエアコンを最新の天井埋込型の業務用のものに取り替え、また照明も省エネ効果のあるLED照明に取り替えています。どちらも生産性向上設備に該当し、工業会等からの証明書の交付を受けています。なお、前期にも他の店舗の改装に当たって中小企業経営強化税制のA類型の適用を受けているため、既に経営力向上計画の認定は受けています。

当事業年度も前期同様に中小企業経営強化税制の適用を受けたいと思い、設備の追加取得等として前期の認定に係る経営力向上計画の変更申請をし、担当省庁の認定を受けています。

なお、取得した設備等の内容と当期の決算の申告状況は、以下のとおりですが、来期の利益の予測は若年層の外食離れも影響し不透明な状況です。

(1) 設備の取得価額　天井埋込型業務用エアコン　1,450千円×2台＝2,900千円
高天井LED照明　400千円×2基＝ 800千円
（耐用年数5年、定率法）

(2) 当期の決算の申告状況
①課税所得 ………………10,000千円（特別償却適用前）
②調整前法人税額 ………1,664千円

1 回答

P社が取得した設備等に対しては工業会等からの証明書が交付されているため、「中小企業経営強化税制」のうちA類型を適用することができ、資本金の額も30,000

千円以下であるため即時償却と税額控除を選択適用することができます。なお、事例のように既に経営力向上計画の認定を受けた後に新たに設備等を追加取得する場合には経営力向上計画の変更申請を行うことになります。

また、A類型の適用が可能であるため償却資産税の税制上の優遇措置として「生産性向上特例措置法による固定資産税の特例」(以下「固定資産税の特例」といいます)を適用できる可能性もあります。

2 解説

(1) 各設備に対する投資優遇税制の適用の可否について

P社が取得した天井埋込型業務用エアコンは「建物附属設備」に該当し、高天井LED照明については特に電気設備としての工事などは不要ですが1基あたり40万円で蛍光灯のみの少額なものの取替えには該当しないため、電気機器として「器具及び備品」に該当するものと考えます。これらの設備等に対して適用が可能な投資優遇税制については下記の**【図表4-21】**のとおりです。

【図表4-21　資産別税制優遇措置の適用の可否】

	中小企業投資促進税制	中小企業経営強化税制			中小企業防災・減災投資促進税制	固定資産税の特例
		A類型	B類型	C類型		
建物附属設備	×	○	○	○	○	○
器具及び備品	×	○	○	○	○	○

これらの設備等に対しては、どちらも工業会等からの証明書が交付されていますので、**【図表4-21】**のうち税制上の優遇措置として最も有利な「中小企業経営強化税制」を選択します。

また、工業会等からの証明書が交付されていますので、これらの設備等に対し先端設備等導入計画の認定を受けていれば、「固定資産税の特例」措置の適用も可能といえます。

(2) 中小企業経営強化税制(A類型)の適用

P社が取得した設備等については工業会等からの証明書が交付されていますので

「中小企業経営強化税制」のうちＡ類型が適用できるため、経営力向上計画を策定して認定を受ける必要があります。しかし、Ｐ社は既に前事業年度においてこの計画の認定を受けていますので、当初の経営力向上計画を変更する形で手続きをすることになります。

なお、Ｐ社の資本金の額は30,000千円であるため、税額控除を適用する場合は当事業年度の法人税額からその取得した設備等の取得価額の10％相当額を控除することができます。

(3) 生産性向上特別措置法による固定資産税の特例

Ｐ社が取得する設備等に対しては工業会等からの証明書が交付されていますので、これらの設備等を取得する前に先端設備等導入計画の認定を受けていれば「固定資産税の特例」による償却資産税の軽減措置を受けることができます。なお、Ｐ社が今回新たに取得する設備等の導入先の各市区町村から既に先端設備等導入計画の認定を受けている場合で、その設備等の追加取得がその計画の計画期間中であるときは、計画を変更するための申請をし、これによる変更認定を受けることになります。なお、変更申請に当たっても認定経営革新等支援機関などによる事前確認は必要です。

変更申請により先端設備等導入計画が改めて認定されれば、償却資産税が３年度にわたりゼロから２分の１に軽減されることになります。

(4) 本事例へのあてはめ

中小企業経営強化税制においては即時償却と税額控除を選択適用できます。本ケースの場合、Ｐ社が取得した設備の全てに対し税額控除を選択した場合には、下記の**＜算定 12-1＞**のとおり「税額控除限度額＜当期税額基準額」となり、当期税額基準額の範囲を十分に活用できません。

＜算定 12-1＞

設備等の取得価額

（ｉ）エアコン 1,450千円×２台＝2,900千円

（ii）LED照明　400千円×２台＝　800千円

（iii）＝（i）＋（ii）＝3,700 千円

①税額控除限度額の算定

3,700 千円（取得価額）×10 ％＝370 千円

②当期税額基準額

1,664 千円（調整前法人税額）×20 ％＝332.8 千円

③当期税額控除可能額

①＞②　∴ 332.8 千円（超過した税額控除限度額は翌期繰越可）

④優遇措置適用後の法人税額

調整前法人税額 1,664 千円－③＝1,331.2 千円

そこで、中小企業経営強化税制の適用に当たっては、一の資産に対し特別償却と税額控除を重複して適用することはできませんが、取得した個々の設備単位で特別償却と税額控除を選択適用できるため、特別控除と税額控除の優遇措置を最大限に活用するには、下記の＜**算定 12-2**＞のように、天井埋込型業務用エアコンについては税額控除、高天井 LED 照明については即時償却を選択することにして再度検討してみることにします。

＜算定 12-2＞

設備等の取得価額

（i）エアコン 1,450 千円×2 台＝2,900 千円

（ii）LED 照明　400 千円×2 台＝　800 千円

①特別償却（即時償却）

LED 照明　　400 千円×2 台＝800 千円

②税額控除限度額

エアコン 1,450 千円×2 台＝2,900 千円

∴税額控除額＝2,900 千円×10 ％＝290 千円

③当期税額基準額

上記①により、課税所得を再計算

［課税所得］10,000 千円－800 千円＝9,200 千円

［法人税額］（i）8,000 千円×15 ％＝1,200 千円

（ⅱ）(9,200 千円－8,000 千円)×23.2 %＝278.4 千円

（ⅲ）＝（ⅰ）＋（ⅱ）＝1,478.4 千円

1478.4 千円(調整前法人税額)×20 %＝295.68 千円

④当期税額控除可能額

②＜③　∴ 290 千円

⑤優遇措置適用後の法人税額

③(ⅲ)－④＝1,478.4 千円－290 千円＝1,188.4 千円

＜**算定 12-1**＞では「税額控除限度額＜当期税額基準額」となり、税額控除限度額が当期税額基準額に達しないため税制上の優遇措置を十分に活用しきれませんでした。

しかし、＜**算定 12-2**＞のように、特別償却と税額控除とを組み合わせることで税制上の優遇措置を十分に活用することができるようになります。結果的に＜**算定 12-2**＞では、当初の法人税額の納税額よりも 475.6 千円（1,664 千円－1,188.4 千円）減額され、＜**算定 12-1**＞で算定した納税額よりも 142.8 千円（1,331.2 千円－1,188.4 千円）減額されます。なお、＜**算定 12-1**＞で一部控除しきれなかった税額控除限度額は繰越税額控除限度超過額として翌事業年度に繰り越されることになります。

3　具体的な手続き

(1) 変更申請の手続き

P 社は取得した設備等について工業会等からの証明書の交付を受けていますので、「中小企業経営強化税制」のうち A 類型の適用のため経営力向上計画を策定して認定を受ける必要があります。しかし、P 社は既に前事業年度においてこの計画の認定を受けています。そもそも、経営力向上計画の認定はその計画に対して認定を受けるのではなく、中小企業者等である法人に対して認定されるため、それぞれ設備投資の都度新たに計画を策定して申請するのではなく、既に申請した経営力向上計画を変更する形で手続きをすることになります。

変更申請に当たっては変更前と変更後を対比して記載します。具体的には、既に認定を受けた経営力向上計画を修正する形で作成する必要があるため、変更のない

経営力向上の内容や設備等は当初計画案としてそのまま残しておき、変更や追記した部分に下線を引いて変更事項を明確にします。なお、当初の計画書に記載された経営の向上の程度を示す指標（労働生産性などの伸び率）における「現状値」の変更は行いません。

また、変更申請の際には既に認定を受けた経営力向上計画に対する実施状況を報告するための「実施状況報告書」を添付します。この報告書には当初の経営力向上の内容に対する進捗状況の評価を○や×などの記号で記し、計画どおりに進んでいない取組みについてはその理由と今後の改善方針を記載することになっています。

なお、当初申請においても変更申請においても認定までのタイムスケジュールは同様で、設備等の取得は原則として経営力向上計画の認定後ですが、たとえ認定前に取得した場合であってもその取得後60日以内に経営力向上計画が受理されれば例外的に認められています。また、経営力向上計画の認定は、中小企業経営強化税制の適用を受ける事業年度内において受ける必要があることも変わりはありません。

(2) 税務申告

経営力向上計画が認定されれば、中小企業経営強化税制の適用のためには税務申告において一定の書類の添付や手続きが必要となります。

本ケースでは税額控除だけではなく即時償却も同時に適用する予定ですので、中小企業経営強化税制の適用を受けるためには、税額控除については確定申告書に別表六（二十三）を添付、即時償却については特別償却（八）添付しなければなりません。本ケースにおいて添付する別表の内容は以下のとおりです。なお、申告に際しては工業会等からの証明書の写しや経営力向上計画書の写し、その計画に係る認定書の写しも申告書に添付して提出する必要があります。

(3) 償却資産税の申告

中小企業経営強化税制のうちA類型の適用を受ける場合には「固定資産税の特例」も併せて検討するようにしましょう。このとき、取得する設備等については、これが導入先の市区町村が策定する「導入促進基本計画」に適合するものかどうか、事前に確認しておく必要があります。

「固定資産税の特例」の適用に当たっては、先端設備等導入計画の認定を受けた

中小企業者等又は中小連結法人が取得した特定経営力向上設備等の特別償却の償却限度額の計算に関する付表（措法42の12の4①、68の15の5①）

事業年度又は連結事業年度	×1・9・1 ×2・8・31	法人名	株式会社 P （　　　）

特別償却の付表（八）　令二・四・一以後終了事業年度又は連結事業年度分

特別償却の種類	1	42条の12の4第1項 68条の15の5第1項	42条の12の4第1項 68条の15の5第1項	42条の12の4第1項 68条の15の5第1項
事業の種類	2	飲食サービス業		
（機械・装置の耐用年数表の番号） 特定経営力向上設備等の種類等	3	（　　　） 器具及び備品	（　　　）	（　　　）
特定経営力向上設備等の名称	4	LED照明（電気機器）		
設置した工場、事業所等の名称	5	P店		
取得等年月日	6	×2・6・15	・　・	・　・
指定事業の用に供した年月日	7	×2・6・15	・　・	・　・
購入先	8	S株式会社		
取得価額	9	800,000円	円	円
普通償却限度額	10	80,000		
特別償却限度額 (9)－(10)	11	720,000		
償却・準備金方式の区分	12	償却・準備金	償却・準備金	償却・準備金
適用要件等　中小企業等経営強化法第19条第1項の認定を受けた年月日	13	×2・5・31	・　・	・　・
適用要件等　経営力向上設備等の仕様、性能等判定上参考となる事項	14	×××—×××		
適用要件等　中小企業等経営強化法施行規則第16条第2項第2号又は第3号の設備に該当する旨の確認を受けた年月日	15	・　・	・　・	・　・
適用要件等　中小企業等経営強化法施行規則第16第2項第2号又は第3号の設備に該当する旨の確認書の番号	16			
適用要件等　主として電気の販売を行うために取得等をする発電設備等であるかの判定	17	該当・非該当	該当・非該当	該当・非該当
適用要件等　国際標準化機構及び国際電気標準会議の規格15408に基づく評価及び認証の有無	18	有・無	有・無	有・無

中小企業者又は中小連結法人の判定

			大規模法人の株式数等の保有する明細	順位	大規模法人		株式数又は出資金の額
発行済株式又は出資の総数又は総額	19	600株					
(19)のうちその有する自己の株式又は出資の総数又は総額	20			1		27	
差引(19)－(20)	21					28	
常時使用する従業員の数	22	80人				29	
大規模法人の株式数等の保有割合　第1順位の株式数又は出資金の額 (27)	23					30	
大規模法人の株式数等の保有割合　保有割合 (23)/(21)	24	%				31	
大規模法人の株式数等の保有割合　大規模法人の保有する株式数等の計 (33)	25					32	
大規模法人の株式数等の保有割合　保有割合 (25)/(21)	26	%			計 (27)＋(28)＋(29)＋(30)＋(31)＋(32)	33	

中小企業者等が特定経営力向上設備等を取得した場合の法人税額の特別控除に関する明細書

事業年度	×1・9・1 ×2・8・31	法人名	株式会社P

別表六(二十三) 令二・四・一以後終了事業年度分

事業種目		1	飲食サービス業				
資産区分	種類	2	建物附属設備				
	設備の種類又は区分	3	冷暖房通風ボイラー				
	細目	4	冷暖房設備				
	取得年月日	5	×2・6・20	・・	・・	・・	・・
	指定事業の用に供した年月日	6	×2・6・20	・・	・・	・・	・・
取得価額	取得価額又は製作価額	7	円 2,900,000	円	円	円	円
	法人税法上の圧縮記帳による積立金計上額	8	0				
	差引改定取得価額 (7)－(8)	9	2,900,000				

法人税額の特別控除額の計算

当期分	取得価額の合計額 ((9)の合計)	10	円 2,900,000	前期繰越分	差引当期税額基準額残額 (14)－(15)－(別表六(十四)「19」)－(別表六(二十二)「19」)	18	円
	同上のうち特定中小企業者等に係る額	11	2,900,000		繰越税額控除限度超過額 (24の計)	19	
	税額控除限度額 $((10)-(11))\times\frac{7}{100}+(11)\times\frac{10}{100}$	12	290,000		同上のうち当期繰越税額控除可能額 ((18)と(19)のうち少ない金額)	20	
	調整前法人税額 (別表一「2」又は別表一の三「2」若しくは「14」)	13	1,478,400		調整前法人税額超過構成額 (別表六(六)「7の⑲」)	21	
	当期税額基準額 $(13)\times\frac{20}{100}$－(別表六(十四)「14」)－(別表六(二十二)「14」)	14	295,680		当期繰越税額控除額 (20)－(21)	22	
	当期税額控除可能額 ((12)と(14)のうち少ない金額)	15	290,000				
	調整前法人税額超過構成額 (別表六(六)「7の⑳」)	16					
	当期税額控除額 (15)－(16)	17	290,000	法人税額の特別控除額 (17)＋(22)		23	290,000

翌期繰越税額控除限度超過額の計算

事業年度又は連結事業年度	前期繰越額又は当期税額控除限度額	当期控除可能額	翌期繰越額 (24)－(25)
	24	25	26
・・ ・・	円	円	
・・ ・・			外 円
計		(20)	
当期分	(12) 290,000	(15) 290,000	外 0
合計			

機械設備等の概要

一般社団法人日本冷凍空調工業会より特定経営力向上設備等の「生産性向上設備(A類型)」に該当する旨の仕様、性能等の証明書の交付(×××-×××)を受けている(別紙添付)。

後、その年の12月31日までに設備等を取得した場合には、翌年1月31日を提出期限とする償却資産税の申告において固定資産税（償却資産）の課税標準特例適用申請書（各自治体により名称その他記載事項等は異なります）とともに、先端設備等導入計画書の写しやその計画に係る認定書の写し、その他工業会等の証明書の写しを添付して申告する必要があります。

13 事例13（医療・福祉関連業）税制改正の再確認と他の税制の適用可否の検討

医療法人社団Q会（以下「Q会」といいます）は、医師を含め職員は15人で、出資持分のない3月決算の中小企業者等に該当する法人です。

新年度に入り電子カルテの入替えを実施しましたが、前年度に依頼していた業者からの見積りでは一式で4,000千円で、その内訳としてパソコンやサーバーなどのハードウェア（一式1,200千円）とソフトウェア（2,800千円）との区分がされています。また、ソフトウェアに関しては工業会等からの証明書が交付されたため、新システムの導入後、中小企業経営強化税制のうちA類型の適用ができるよう手続きを進めているところですが、医療関連であっても中小企業経営強化税制の適用は受けられるのでしょうか。

1 回答

まず、ソフトウェア部分に関しては、工業会等からの証明書が交付されたため、経営力向上計画の認定など一定の手続きによって中小企業経営強化税制のうちA類型の適用を受けることができます。

次に、ハードウェア部分についてですが、本ケースではこれらの設備等に関しては工業会等からの証明書が交付されるような設備等ではないためA類型の適用は受けられません。しかし、仮にこのハードウェアに対して工業会等からの証明書が交付されるようであればA類型が適用される余地はあるものと考えられます。

2 解説

(1) 各設備に対する投資優遇税制の適用の可否について

Q会が取得した電子カルテは「ソフトウェア」と「器具及び備品」に明確に区分

されています。それぞれの設備等に対して適用が可能な投資優遇税制については下記の【図表 4-22】のとおりとなります。

【図表 4-22　資産別税制優遇措置の適用の可否】

	中小企業投資促進税制	中小企業経営強化税制			中小企業防災・減災投資促進税制	固定資産税の特例
		A 類型	B 類型	C 類型		
器具及び備品	×	○	○	○	○	○
ソフトウェア	○	○	○	○	×	×

本ケースの場合、ハードウェア部分に関しては工業会等からの証明書が交付されず中小企業経営強化税制のうちＡ類型の適用と生産性向上特例措置法による固定資産税の特例（以下「固定資産税の特例」といいます）を適用することはできません。また、既に設備等の導入後であるため、Ｂ類型やＣ類型を適用することもできず、さらに、自然災害等への事前対策でもないため、器具及び備品に関しては税制上の優遇措置を適用することはできません。

これに対し、ソフトウェアに関しては工業会等からの証明書も交付されていますので、Ａ類型の適用は可能ですが、上記の【図表 4-22】のとおりソフトウェアについては固定資産税の特例の適用はありません。

(2) 中小企業経営強化税制（A 類型）の適用の可否

電子カルテを「器具及び備品」と「ソフトウェア」とに明確に区分している本ケースのような場合では、このハードウェア部分である器具及び備品の構造用途は「医療機器」ではなく「事務、通信機器」に該当するため、仮にこのハードウェアに対して工業会等からの証明書が交付されていればＡ類型を適用することができる余地はあるものと考えられます。

また、ソフトウェアに関しては、本ケースの場合、工業会等からの証明書が交付されているため、経営力向上計画の認定その他一定の手続きによって中小企業経営強化税制の適用を受けることができ、即時償却又は税額控除を選択適用できます。なお、Ｑ会は出資持分のない医療法人であるため税額控除の適用に当たってはその事業年度の法人税額の 20％相当額を限度としてソフトウェア部分の取得価額の 10％相当額を法人税額から控除することができます。

医療関連の機器等については機械及び装置に該当するものはなく、一般的に器具及び備品に該当することになります。器具及び備品については**【図表4-22】**のとおり中小企業経営強化税制の適用対象資産となっていますが、一部、医療機器に限ってはその適用対象から除外されているため、医療関連の設備投資の全般が中小企業経営強化税制の適用対象とはならないのではないかとの誤解もあるかもしれません。留意すべきは、A類型の適用ができない場合とは、あくまでも器具及び備品のうち「減価償却資産の耐用年数等に関する省令」別表第1に掲げる構造用途が「医療機器」に該当する場合で、かつこれを医療保健業の用に供した場合に限られているということです。

医療機関等が取得する設備等は、通常は医療保健業の用に供する医療機器であるためA類型の適用はないと考えられますが、本ケースのように、医療機器以外の器具及び備品の取得も考えられますし、設備等の全てが器具及び備品ではなく、レセプトコンピュータも含めソフトウェアとして取得する部分もあるため、資産区分に留意して投資優遇税制の適用の可否を判断する必要があります。

(3) 生産性向上特別措置法による固定資産税の特例

本ケースにおいて中小企業経営強化税制のうちA類型の適用を受けることができるソフトウェアについては、もともと償却資産税の課税対象外となるため「固定資産税の特例」を検討する余地はありません。

なお、実務上、電子カルテは「器具及び備品」として取り扱われることが多く、その全体を償却資産税の課税対象としている場合も見受けられます。償却資産税の申告に際しては本ケースのようにハードウェア部分とソフトウェア部分を明確に区分することで、ソフトウェア部分を償却資産税の対象外とすることができます。

3 具体的な手続き

(1) 経営力向上計画の策定と申請・認定

本ケースではソフトウェア部分について中小企業経営強化税制の適用を受けることができます。Q会は既に設備等を取得しており、これに対する工業会等から証明書を入手していますので、今後の流れとしては、経営力向上計画を策定したうえで、主務大臣に申請し、この計画の認定を受ける必要がありますが、経営力向上計画の認定については、中小企業経営強化税制を適用する事業年度内に完了する必要があります。本ケースでは新年度開始直後に設備等を先行して取得していますので、経営力向上計画が設備等の取得後60日以内に受理されればスケジュール的には問題ないと思われます。なお、例外的に認められている設備等の取得後の経営力向上計画の認定までの手続きや留意事項などについては4事例4にて確認できます。

(2) 税務申告

中小企業経営強化税制では優遇措置として即時償却又は税額控除の選択適用が可能です。即時償却を選択適用する場合には申告にあたり特別償却の付表（八）を添付し、税額控除を選択適用する場合には別表六（二十三）を添付する必要があります。その他に工業会等からの証明書の写しや経営力向上計画書の写し、それに係る計画の認定書の写しも申告書に添付して提出する必要があります。

なお、本ケースの付表又は別表の記載内容については、特別償却の付表（八）は2事例2や12事例12を、別表六（二十三）は1事例1や4事例4を参考にしてください。

＜参考文献・資料＞

・ 中小企業庁『中小企業税制＜令和2年度版＞』
・ 中小企業庁『―中小企業等経営強化法―経営力向上計画策定の手引き（令和2年12月28日版）』
・ 中小企業庁『中小企業経営強化税制　Q&A集（ABC類型共通）』
・ 中小企業庁『事業分野別指針の概要について（平成31年4月）』
・ 中小企業庁『中小企業等経営強化法の経営力向上設備等のうちデジタル化設備（C類型）に係る経産局確認の取得に関する手引き』（令和2年10月1日更新）
・ 中小企業庁『―中小企業等経営強化法―事業継続力強化計画策定の手引（令和2年12月28日版）』
・ 中小企業庁経営安定対策室『事業継続力強化計画認定制度の概要（令和2年10月）』
・ 中小企業庁企画課・経営安定対策室『中小企業防災・減災投資促進税制（特定事業継続力強化設備等の特別償却制度）の運用に係る実施要領（令和元年7月19日版）』
・ 中小企業庁『【生産性向上特別措置法】先端設備等導入計画策定の手引き（令和2年6月版）』
・ 中小企業庁『導入促進指針の制定について（2018年5月）』
・ 経済産業省中小企業庁『【生産性向上特別措置法】先端設備等導入計画について（令和2年6月）
・ 中小企業庁『導入促進基本計画に関するQ&A』
・ 経済産業省地域経済産業グループ『地域未来投資促進税制について（令和2年3月）』
・ 経済産業省『地域未来投資促進税制Q&A集』
・ 経済産業省地域経済産業グループ地域未来投資促進室『地域未来投資促進法における地域経済牽引事業計画のガイドライン（平成30年4月）』
・ 総務省『ローカル5Gに関するガイドライン（令和元年12月）』
・ 経済産業省『令和3年度（2021年度）経済産業関係　税制改正について（令和2年12月）』
・ 東北経済産業局経営支援課『変更用　経営力向上計画変更申請書記載のポイント（令和2年10月更新）』
・ 中小企業庁事業環境部企画課『経営力向上計画の実施期間満了に伴う申請の具体例』
・ 武田昌輔編著『DHCコンメンタール法人税法』（第一法規）
・『令和3年申告用法人税別表作成全書200』（税務経理協会）

【著者略歴】

田中　康雄（たなか　やすお）

税理士法人メディア・エス、社員税理士。
1973年滋賀県彦根市生まれ、1997年慶應義塾大学商学部卒業。
法人税、消費税を専門とし、上場企業から中小企業までの税務業務を担当。
「税経通信」等の税務専門誌にも多数執筆。

〈主要著書〉
『ケース別「事業承継」関連書式集』共著（日本実業出版）

税理士法人メディア・エス

本部（千葉県市川市）、東京事務所（東京都中央区）。
経営革新等認定支援機関等。
『起業～法人運営～事業承継～相続』まで各分野の専門家である公認会計士2名、税理士3名を含め27名が在籍。中小企業を最先端の技術と豊かな心で応援し、多角的な視野でサービスを提供。
その他、医療法人や公益法人、NPO法人、社会福祉法人などの非営利法人にも特化。

著者との契約により検印省略

平成30年 7 月15日　初版発行
令和 3 年 6 月15日　第2版発行

中小企業の顧問税理士が知っておきたい
設備投資優遇税制の上手な使い方［第2版］

著　　者　田　中　康　雄
発 行 者　大　坪　克　行
印 刷 所　美研プリンティング株式会社
製 本 所　牧製本印刷株式会社

発 行 所　〒161-0033　東京都新宿区
下落合2丁目5番13号
株式会社　税務経理協会
振替　00190-2-187408
FAX（03）3565-3391
電話（03）3953-3301（編集部）
（03）3953-3325（営業部）
URL　http://www.zeikei.co.jp/
乱丁・落丁の場合は，お取替えいたします。

ISBN978-4-419-06798-4　C3034